U0598965

追寻埃及女王的足迹

〔法〕利蒂希娅·因格 著

〔法〕克利斯提昂·艾利施 绘

杨晓燕 译

人民文学出版社
PEOPLE'S LITERATURE PUBLISHING HOUSE

著作权合同登记：图字 01-2020-2194 号

Author: Laetitia Ingrao, Illustrator: Christian Heinrich

Sur les traces de Cléopâtre

© Gallimard Jeunesse, Paris, 2005

图书在版编目（CIP）数据

追寻埃及女王的足迹 /（法）利蒂希娅·因格著；（法）克利斯提昂·艾利施绘；杨晓燕译 . -- 北京：人民文学出版社，2024. --（历史的足迹）. -- ISBN 978-7-02-018862-8

Ⅰ . K411.209

中国国家版本馆 CIP 数据核字第 2024EH0828 号

责任编辑　卜艳冰　杨　芹
封面设计　汪佳诗

出版发行　人民文学出版社
社　　址　北京市朝内大街 166 号
邮政编码　100705

印　　制　安徽新华印刷股份有限公司
经　　销　全国新华书店等

字　　数　61 千字
开　　本　889 毫米 ×1194 毫米　1/32
印　　张　4
版　　次　2024 年 8 月北京第 1 版
印　　次　2024 年 8 月第 1 次印刷

书　　号　978-7-02-018862-8
定　　价　49.00 元

如有印装质量问题，请与本社图书销售中心调换。电话：010-65233595

献给佳雅·利蒂西娅。

目　录

法老归来

清晨，少有的骚乱打破了宫城内外的宁静。法老的宫殿及其女儿克娄巴特拉的寝宫被街区分隔在两端。一位王室卫兵穿过几个街区来到了王宫的花园里，他在这里遇到了年轻公主的女仆夏米昂。

清晨：指公元前55年的一个清晨，在亚历山大城。

"谢天谢地，终于来了一个可以帮得上忙的人！快去通知你的主子，托勒密法老流亡归来，舰队已抵达港口，很快就要在大殿召见王室成员！"

夏米昂径直快步走向克娄巴特拉的寝宫。她进入房间后，麻利地将绯红色的帷幔挽起，阳光透过窗户照进了房间里。

"克娄巴特拉，克娄巴特拉，快醒醒！法老的船队已经进港了。"她向主人禀报道。

"别吵我！天还没亮呢，我还想睡会儿。"

"可是你父亲回来了！"

"六个月前不就这么说了吗？！我为了能在灯塔上

早早看到他的舰队抵港，已经无数次穿过**海波塔斯塔德长堤**的两座大桥，但哪一次不是徒劳而归？"

克娄巴特拉在亚麻被子下翻了个身，打定主意不起来。

"但是相信我，这一次真的不是空穴来风：所有的**三层桨战船**和一支罗马舰队都已经进港了。你父亲即将再次加冕为王！"

海波塔斯塔德长提：
连接灯塔和海岸的防波堤，长 1.2 公里。

三层桨战船：古希腊时期，由三排木桨划动的战船。

短披风：马其顿共和国时期希腊人的传统外套。

倏地，克娄巴特拉从她的床上跳起来。她一边抓起**短披风**，向大门口冲去，一边激动地说：

"如此说来，船队已经靠岸了！他是真的回来了！快，夏米昂！事不宜迟，我们这就去港口！"

"行了，克娄巴特拉，别再像个小孩了。你十四岁了，已经不再是三年前你父亲离开时的那个小女孩了。他一定不能容忍你无视礼法，尤其是有罗马人在场的时候……"

"我才不管什么罗马人，他们只知道掠夺别人的财富！"

"也许你说得有道理。但是现在，我求求你，穿戴整齐然后去跟家族里的其他人会合吧。"

克娄巴特拉正准备反驳，但是转念一想，又同意了女仆的说法。

克娄巴特拉和亚历山大城的所有贵族一样，按照希腊人的方式穿衣打扮。她身着白色长裙，长裙用红色丝线精细地绣着各种图案，她的长发用纤细的埃及公主金冠挽在脑后。当她到达的时候，议事大厅里已经聚集了一大群人。这是两年多来，她第一次见到父亲托勒密十二世。坐在王位上的他手持法老弯钩权杖和连枷权杖，头戴**红白双色王冠**。克娄巴特拉紧张无措地盼着得到他的注意。她感觉自己的心跳在加速，但是他并没有看她。在开始讲话之前，他用目光扫视着大厅里的人群，示意大家安静。

"我今日归来，只为重夺王位，"托勒密开口说道，"世人景仰法老，**荷鲁斯**必将重振神威！"

在他身旁，两个目光如炬的罗马人仔细打量着**朝臣**们。托勒密继续说道："所有罗马人以及我的亲密友人加比尼乌斯和**安东尼**理应受到埃及众人的尊敬，尽享荣华富贵。即日起，罗马军团将驻扎于城门，以卫此城。"

这样的重逢与克娄巴特拉一直以来的期待不太一样。罗马人的出现简直让她无法忍受。她知道罗马人并不是来保护他们的，而是为了加强对埃及的控制。

红白双色王冠：法老佩戴的红白双色王冠。

荷鲁斯：埃及众神之王，每一位法老都称自己是其在人间的化身。

朝臣：法老的使臣、亲信。

安东尼：罗马将领，恺撒的指挥官。

右边一群男人的窃窃私语打断了她的思绪，其中一个男子低声说道："听说国王刚下船就下令逮捕了他的女儿贝伦妮斯，并且以篡权罪下令处决她。"

她没有听错吧？他们说的是她的亲姐姐贝伦妮斯？虎毒不食子啊，父亲绝对不会这样对待亲生女儿的！但是克娄巴特拉知道，历代的托勒密家族成员都会为了争权夺势而自相残杀。她只是无法想象自己的父亲也会这么做……简直就是丧尽天良！她急匆匆地冲出了议事大厅，盛怒的泪水夺眶而出。

自从克娄巴特拉离开了宫殿，夏米昂就一直没有再见到她。但是她得尽快找到公主，因为法老要在今天的

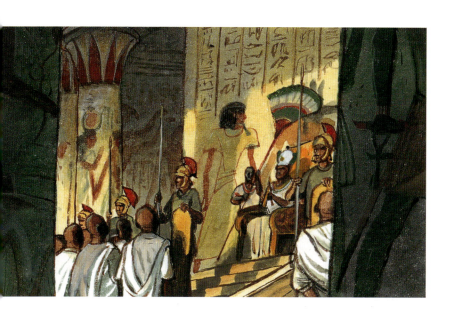

晚宴之前召见她。夏米昂快步走上通向**博物馆**的大街。在威严雄伟的建筑台阶前,她放慢了脚步,喘了口气,然后就消失在厚厚大门的阴影里。她知道一定能在博物馆的议事厅里找到克娄巴特拉。果然不出所料,在众多学者中间,她发现了年轻女主人的一头黑发。

"克娄巴特拉,克娄巴特拉,快过来!"她低声叫道。

"你走开!"克娄巴特拉生气地大声说。

很快,人群里发出了阵阵抗议声。

是谁如此大胆,竟敢扰乱著名**雄辩家**费罗斯塔特的演讲?克娄巴特拉极不情愿地离开了大厅,朝她的女仆走过去。

博物馆:接纳世界各地学者的研究中心,类似图书馆。

雄辩家:掌握和教授演讲艺术的人。

"你父王要召见你呢！"夏米昂解释道。

"我父王？我才不管！亚历山大城的百姓称他为'**吹笛者**'，简直太有道理了！他暴殄天物，荒淫无度，疏于朝政。那些曾经属于我们的领土，克兰尼、塞浦路斯、巴勒斯坦都已经成了罗马的行省。很快，整个埃及都将难逃厄运。然而，他葬送了整个王国还不够，现在还要牺牲自己的女儿！"

"你冷静一点，克娄巴特拉。你是因为在气头上才会这么说，我了解你，你可是一个有理智的人。你父亲债台高筑、负债累累，而且这些**罗马军团**可不好惹。走吧，快去见他吧。"

尽管压抑不了内心的愤怒，她还是听从了夏米昂的建议。

一个多小时了，托勒密十二世一直在等着克娄巴特拉。这种目无尊长、缺乏教养的行为让他感到无比恼火，于是他决定要好好训斥她一番。站在**欧西里斯**的黑色雕像前，他思考着该对她说些什么。终于，他听到了便鞋踏上大理石的清脆响声。他转过身去，看到了克娄巴特拉站在他面前，头发凌乱、呼吸急促。克娄巴特拉眼神挑衅（xìn）地看着他。她思维敏捷，能言善辩，他经常会被她的言论所折服。十二岁的时候，她已经熟练掌握**托勒密王朝**的通

吹笛者：托勒密十二世因喜好吹笛子，而获得这一绰号。

罗马军团：古罗马军队的单位，每一军团包含 6000 人。

欧西里斯：古埃及冥王，伊西斯之夫，荷鲁斯之父。

托勒密王朝：指托勒密一世建立的埃及王朝。

用语——希腊语、所有埃及人民的母语——古埃及语，以及阿拉米语、希伯来语和阿拉伯语；她善御马术，甚至远远超过了军队里的很多骑兵。

法老比了个手势，让卫兵们退下，以便能和女儿单独待一会儿。

"你终于来了，克娄巴特拉！你还是不听**家庭教师**的话，不带随从就出门。"

家庭教师：这里指负责教育王室孩子的人。

"是的，父亲，我宁可独自出门，也不愿和您的那些罗马新朋友待在一起。"

"休得无礼，你知不知道你在说什么！"

"那么，处决贝伦妮斯，也是您的意思吗？"

克娄巴特拉怨恨她的父亲。要知道，她曾经是那么崇拜他啊！托勒密叹了一口气，他早已厌倦为了王位勾心斗角、争权夺势，正盼着克娄巴特拉能跟他站在同一战线。

"你听我说，克娄巴特拉。对于你姐姐，我别无选择。难道你真的以为她以后会容得下你们，你、你妹妹阿尔西诺伊和其他同胞兄弟？我只不过想提前终结这些阴谋，并且杀鸡儆（jǐng）猴，让那些觊觎（jì yú）法老权位的人知道最终会是什么样的下场。"

"但是为什么要让罗马人驻守于此？您已经触犯了

众怒，而且您很清楚这得付出怎样的代价。民众很有可能重新将您驱逐出去！亚历山大城的居民无法忍受诸如高卢人、日耳曼人这些乌合之众，还有那些罗马军团里的野蛮人！快让他们滚出去！"

"我不能那么做。陪伴在我左右的罗马人加比尼乌斯借给我大笔资金，因此我才能顺利归来。罗马军团的存在能够确保我紧握大权。"

"但是父亲，一个依靠外国军队才能存在的傀儡政权，到底有何意义？"

"继我之后，你将与你弟弟一起执掌天下。也许，你这位'救主托勒密'、**亚历山大大帝**的继承者能够重振埃及，让它重现昔日的辉煌。"

父亲在说些什么？"你将执掌天下？"难道他已经将她认定为继承者？很小的时候，人们就曾经告诉过她，法老的**宠妃**所生的女儿是"多余的埃及人"，不是合法的继承者，是无缘王位的。克娄巴特拉知道，她的命运即将扭转，总有一天，她将成为埃及的法老。

亚历山大大帝： 马其顿王国国王（公元前356年至公元前323年），埃及和亚洲部分地区的征服者，于公元前332年在埃及建造了亚历山大城。

宠妃： 正式与男子生活在一起的女性，但并非其合法配偶。

公元前 323 年，亚历山大大帝逝世

此后，托勒密家族在埃及建立了托勒密王朝。在三个世纪里，数位有希腊血统的法老统治着埃及。在罗马吞并埃及前，克娄巴特拉是托勒密家族的最后一任法老。

托勒密家族

希腊人后裔。托勒密一世原是亚历山大大帝的一位统帅，以他自己的名字命名了托勒密王朝。其子继承王位，加冕为王，托勒密王朝共有十五位法老继位。

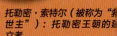
托勒密·索特尔（被称为"救世主"）：托勒密王朝的建立者

法老之妻

法老时代的惯例不允许法老独自执政，因此法老的妻子们在朝堂中的参与度极高。效仿天神伊西斯与其兄长欧西里斯的结合，法老们通常娶自己的姐妹或是家族中的一位女性为妻。当法老由于年龄尚幼无法理朝政时，这些妻有时会独揽大权。伦妮斯四世和克娄特拉七世就属此例。

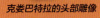
克娄巴特拉的头部雕像　　亚历山大大帝勇战波斯人

亚历山大大帝

马其顿王国的亚历山大率领精壮的军队从希腊出发，迅速攻克了地中海东部的外围地区，随后是亚洲，直至已知世界的尽头。他解放了受波斯人统治的埃及，在此建造了亚历山大城，并且在当地神职人员的拥戴下，在孟菲斯成为法老。

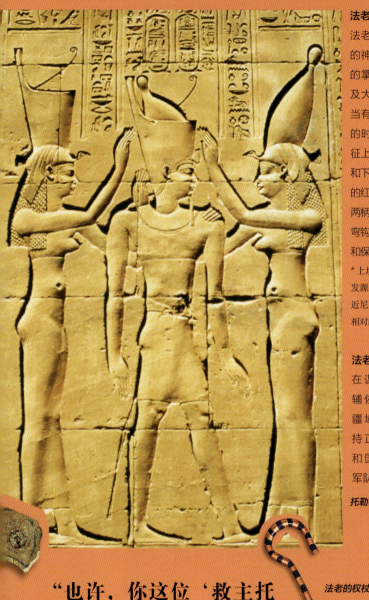

法老－天神

法老被认为是有生命的神，世间一切财富的掌管者，承担着埃及大祭司的职务。每当有重要仪式和典礼的时候，他会头戴象征上埃及（南部埃及）和下埃及（北部埃及）*的红白双色王冠，手持两柄权杖——连枷杖和弯钩杖，意喻法老引领和保护埃及子民。

* 上埃及是最靠近尼罗河发源地的埃及领土，与靠近尼罗河三角洲的下埃及相对应。

法老－专制君主

在谋士和官员们的辅佐下，法老统治疆域的职责有：主持正义，掌控商业和国外贸易，统帅军队。

托勒密七世

"也许，你这位'救主托勒密'、亚历山大大帝的继承者能够重振埃及，让它重现昔日的辉煌。"

法老的权杖

夺取王位

穿过几根廊柱，克娄巴特拉来到了元老会集会的大厅。她姗姗来迟，并不急于与敌人进行正面交锋。三年前，**父亲去世**后，克娄巴特拉和她的弟弟托勒密十三世共同执政。按照法老时代的律法，**她嫁给了弟弟**，因此成了埃及的王后。但是，为了保住王权，为了不被年纪尚幼无法独自掌政的弟弟的幕僚们排挤，她必须进行抗争。想到这里，她昂起头，轻轻将几缕垂到额头上的发丝挽起，优雅地跨过了庄严雄伟的大厅门槛。

此时传令官宣布：

"克娄巴特拉·**菲洛帕托**王后，**两地之女主**驾到……"

年轻的王后并未留意接下来发生的事。"这宫廷里的繁文缛（rù）节实在是令人窒息。"她一边想一边仔细观察着朝堂上的高官们。她穿过殿堂的时候，他们全都弯腰鞠躬，俯首称臣。其中最

父亲去世：托勒密十二世于公元前51年逝世，彼时克娄巴特拉18岁。

嫁给了弟弟：法老，神的化身，需娶姐妹为妻，只有众神有权如此。

菲洛帕托：希腊语，敬爱父亲之意。

两地之女主：该封号意在强调对上下埃及的统治。

惹人瞩目的是一些希腊的重臣，因为他们那身装饰有华丽刺绣的绯红色长袍格外醒目。她一眼瞥见了最残暴的敌人：立于弟弟右侧的波提纽斯——年轻法老的家庭教师，以及军队统师**阿基拉斯**。还没等她坐上王座，托勒密十三世就恶狠狠地吼道：

"我们没法等你了，克娄巴特拉！"

克娄巴特拉情不自禁地抿嘴笑了，这个十二岁的弟弟看起来真是有些可笑。他陷在父亲曾经端坐的那个威严的宝座上，手持**瓦斯权杖**。这个纤细羸（léi）弱且好动焦躁

阿基拉斯：效忠托勒密十三世的埃及将领。
瓦斯权杖：带有狗头的权杖，是埃及神灵及帝王权力的象征。

的大男孩，不停地在坐垫上挪动身体，无法够到地面的双脚在空中不停地摆动。年长他八岁的克娄巴特拉可是看着这个弟弟长大的。她了解他，知道他的性格反复无常，冲动易怒。他的家庭教师波提纽斯正是利用这一点，很快就在朝中掌管了朝政。年轻的王后并没有作答，而是安静地坐到了托勒密十三世的身旁，同时向她的文官迪奥梅德比了一个手势，示意他上前来。在法老的授意下，几分钟之前被克娄巴特拉的到来打断了的大臣又继续他的禀奏：

"臣，上埃及嘉里马克·德·德贝斯，虔诚效忠法老陛下。如我所述，这两年上埃及每况愈下。尼罗河水

泛滥不足，**州郡**之内颗粒无收，饿殍（piǎo）遍地，百姓生活艰难，已无力缴纳赋税。"

"大胆！你竟敢指责我不善待子民？"托勒密训斥道。

"臣不敢，尊敬的法老陛下。数日之前，饥馑的灾民洗劫了位于埃德富的荷鲁斯神庙。谷物的栽种及社稷（jì）之稳定，均仰仗于土地耕作者，而如今饥荒已经严重危及他们的生命。"

泛滥不足：尼罗河每年定期泛滥，能为两岸农田带来肥沃土壤，但泛滥不足则会影响农业生产。

州郡：相当于省一级的行政区。

"都怪那些该死的**大祭司**！他们千方百计鼓动百姓暴乱，不遗余力地煽（shān）动埃及人对希腊人的仇恨。迟早有一天我要粉碎他们的阴谋！"托勒密狂妄地叫嚣道。

不敢再提出异议的大臣连忙噤了声，跪倒在地。

"简直愚蠢至极！"克娄巴特拉在文官的耳边低声说道，"我亲爱的弟弟有没有意识到他犯了一个天大的错误？**伊西斯**神庙大祭司的一个谋臣就在大厅角落里。"

果真，一个按照埃及风俗剃着光头、身着白袍的男人正缩在角落里，密切地观察着王廷上发生的一切。

此时，波提纽斯点名召见了一位负责记录金库收支情况的誊（téng）写官。按照礼法，誊写官先跪倒在地，亲吻法老脚前的土地，轻声颂扬法老，直至法老命令他起身讲话。

"臣内心忧惧不已，"誊写官回禀道，"物价猛涨，国内商品价格奇高，**出口**量下降。诚然，陛下英明，出口减少则国库亏空，臣恐资金将越来越少。"

"怎么会这样？那就加征其他赋税呀！"托勒密怒吼。

"臣恐怕办不到，我国人民已一无

大祭司：一座神庙中的祭司之首。

伊西斯：女神，欧西里斯的妹妹及妻子。

出口：向其他国家销售的商品。

所有……"

在被弟弟的无能震惊之余，克娄巴特拉觉得是时候发话了：

"依我之见，此时情况危急，刻不容缓。我下令城中富有者，皆需向君主提供借款，以供王国使用。"

"荒唐！"波提纽斯咆哮道，"你根本无权下令！"

"波提纽斯，请注意你的言辞！你是在跟王后对话！誊写官，请拿起你的**芦苇笔**，记录我刚才的旨意。"

克娄巴特拉做了一个手势，示意大臣们退下。弟弟突然明白过来，刚刚她已经强行介入了朝中事务，不过为时已晚。年轻王后刚才的斥责让波提纽斯深感羞辱，脸庞因盛怒而通红，他躲在议事大厅的圆柱后等待着王后的到来。当克娄巴特拉走到他身边时，他突然从阴影中窜出，一把抓住她的手臂，并用极度愤怒的目光注视着她。

"给我小心点，你这可恶的妖女！你只不过是一个女人，我既能让所有亚历山大城的百姓联合起来反抗你，也能让厄运悄然降临在你身上！"

"放开我，波提纽斯！否则我叫警卫了！你难道忘了，凡夫俗子怎能随意触碰**神灵**？！"克娄巴特拉轻蔑地反驳道。

芦苇笔：用芦苇削制而成的笔。

神灵：法老被认为是神灵，因为他们是众神之王荷鲁斯的化身。

此时，迪奥梅德来到了他们旁边。

"怎么了，王后陛下？"

"一切安好，迪奥梅德，无须担忧。波提纽斯大人只是在教导我如何治国理政而已！"

克娄巴特拉脸色苍白，但还是无比镇定地离开了大厅。迪奥梅德感觉到了王后的异样之后，立即跟上去关切地询问。

"是波提纽斯，"她解释道，"我担心他会对我不利。他有可能将我驱逐，甚至更糟，也许还意图谋杀我。我还能指望谁呢？阿基拉斯是军队的统帅，但他支持我弟弟。至于亚历山大城的人民，他们一直受到波提纽斯的谣言蛊（gǔ）惑。他让他们坚信女性无法掌管大权，而且让他们相信在管理国家事务方面，我跟我弟弟一样糟糕。事实上，我比任何人都了解这个王国，比任何人都更有能力治理好它。"

"对此，我深信不疑。况且在埃及，您不是第一位执掌朝政的女性。在您之前，所有的法老尚未达到主政年龄的时候，都是由王后摄政的。您的王权不应该受到质疑，因为您父亲已经明确指定您也是他的继承人。"

"确实如此，但是如今，我必须设法得到盟友的协助，即使无法与希腊人结盟，至少也要得到埃及人民的支持！"

"您是不是已经有想法了，克娄巴特拉？"迪奥梅德问道。

"要获得大祭司们的支持才行。这是唯一的出路！只有他们支持我，整个埃及才会尊崇我为法老。"

"他们可不是那么容易被安抚的。对于他们而言，希腊人就是侵略者，谋取了他们祖辈的权力，掠夺了他们的财富。而你，和所有托勒密家族的人一样，是马其

顿王族的后裔，因此也是希腊人。"

"你可不要忘了，我只有部分希腊血统。我母亲是埃及人，并且我可以和他们讲一样的语言。传令给马蒂翁，让他策划一次在埃及全境内的正式巡游，我要亲自与王国内的大祭司们进行对话。"

数个星期之后，克娄巴特拉在卫兵们的簇拥下，来到了上埃及。她一直戴着黑色假发，穿着长袍，像极了伊西斯再世。她的举手投足都体现了这位女神的一切风采，而且她曾经明确地公开表示将会接受埃及的宗教和文化。忠心耿耿的女仆夏米昂在整个旅程中一直跟随着她，深深地为女主人的勇气所折服。这次长途跋涉何时才是个尽头？她记不清已经乘船多长时间，有多少次曾经骑行穿越乡村和沙漠；也数不清在启程赶赴下一座神庙或另一座城市之前，有多少次临时露营在郊外，度过了多少个辗转难眠的夜晚。赫里奥波里斯，吉萨，孟菲斯，埃斯尤特……克娄巴特拉还打算经由**丹达腊神庙**前往**底比斯**。

在经过了数月的长途跋涉之后，终于有了可以返程的征兆。克娄巴特拉得到了大祭司们对她的支持。现在，她终于可以踏上重返首都的旅程了。

丹达腊神庙：敬献给女神哈索尔的大型神庙，由托勒密家族建造，神庙中同时还供奉着哈索尔和伊西斯两位女神。

底比斯：埃及旧都，由大祭司统治。

埃及的富庶

农业的丰收主要依靠尼罗河水的泛滥。河水的定期泛滥使土地肥沃，农田丰产，这让整个王国处于法老有效的管理之下。然而，尽管当时的埃及是希腊化时代最为富裕的国家，但埃及农民仍过着贫穷的生活。

酒瓮

繁荣的王国

埃及人民生活在尼罗河沿岸地区，这条河是沙漠地区中唯一的水源。六月，河水泛滥带来的淤泥可以让土地变得肥沃。谷物、亚麻、纸莎草和植物油的产量非常丰富。这一切都属于领土的主人——法老，作物通常都被销往国外。一系列的出口使埃及成了一个异常富饶的王国。

官员

法老的统治依靠等级森严的行政管理制度。监督农业生产的当地官员服从统帅的命令，统帅们归首相管辖。官员们滥用职权的现象非常普遍，时常导致农民起义反抗。

交通运输

商船在尼罗河上运送往来行人、作物和材料。随后，商品通过人力或是毛驴送达目的地。

小舟

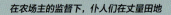

在农场主的监督下，仆人们在丈量田地

种植业

小麦是最主要的种植品种，通常用于制作面包——埃及人民的日常主食；大麦则用于生产啤酒。同时还有许多其他作物的种植：菜豆、生菜、黄瓜、葱、椰枣、无花果、葡萄……

"这两年上埃及每况愈下。尼罗河水泛滥不足，州郡之内颗粒无收……"

畜牧业

埃及人养殖奶牛、山羊、绵羊和猪，同时还有备受各类宴会青睐的鹅、鸭子和鸽子等。播种时节，人们利用牲畜犁地和撒种。

清点家畜

逃亡之路

　　克娄巴特拉自从回到亚历山大城，她的处境就变得越来越凶险。弟弟的谋臣波提纽斯煽动民众的手段异常奏效，一场暴乱正在悄然逼近。但是女王既不能干涉朝政，也不能擅自出宫，只能从窗户望出去，静静地注视着城市里的骚乱。她知道，一场在所难免的暴乱正在商行钱庄里、茶坊酒肆间悄悄酝酿。她转身走向迪奥梅德，他一直在等待她的决定。在他身旁，站着一位真正的大人物——来自西西里岛的阿波罗道尔，王后最忠诚的友人。

　　"一切都已就绪了吗？"克娄巴特拉问道。

　　"是的，"阿波罗道尔回答，"我已筹措到组建军队的必要资金。此时，军队正在**阿什卡隆**附近集结，等待您的号令。"

　　"如此甚好。既然已别无他法，那我们就逃吧！"她的声音听上去毫无波澜。

　　数月之后，在**雇佣兵**的护卫下，逃亡到沙漠尽头佩吕兹附近的克娄巴特拉，一

阿什卡隆：位于今埃及和巴勒斯坦之间的城邦，是克娄巴特拉的友邦。

雇佣兵：通过金钱招募入伍的外国军人。

直在焦急地等待一位来自亚历山大城的信使。她能忍受沙漠的石堆和沙砾，也能抵挡酷暑难耐的白昼和寒冷刺骨的黑夜，她唯一不能忍受的，是无止境的等待。

突然，她听到一阵疾驰而来的马蹄声。夹杂着沙粒的狂风在她脸上肆虐，凌乱的发梢时不时飞进她的眼睛，让她无法看清这位骑士的轮廓。亚麻长袍包裹着她瘦弱的身躯，让她更显纤细羸弱。看到这样的她，阿波罗道尔心情沉重地想到了这个年仅二十一岁的年轻女子多舛（chuǎn）的命运。他伸出有力的手臂，轻轻将她揽入怀中，想要为她遮风挡雨。

"是你吗，阿波罗道尔？这条头巾让我没有认出你来。有什么消息，我的朋友？"

"您的弟弟不敢轻举妄动，不敢冒险对您发动战争。尤里乌斯·恺撒明天将在亚历山大城召见他。"

"恺撒？他来这里干什么？"

"他一路追击罗马的劲敌**庞培**到此。庞培向法老寻求帮助，然而，在愚蠢至极的波提纽斯的建议下，您的弟弟将其残忍杀害，并将头颅放在托盘里敬献给恺撒，以求得到宽恕。果然，恺撒毫不领情，反而震怒：'罗马正义尚存，任何人不得随

庞培：古罗马杰出的将军（公元前106年至公元前48年）。

意屠杀他人。'现在，他率军队在王宫里驻扎下来了。"

"但是如果他见到我弟弟，必定会承认他为埃及唯一的君主。我必须在此之前先见到他！"

"这恐怕比登天还难啊！如何抵达城内？如何穿越重重宫墙到达王宫？到处都有重兵把守，甚至连地毯商人都无法进城，除非……"

"等等，地毯商人……我有办法了！"

黑夜降临，克娄巴特拉离开了营房。这天夜里没有一丝月光，加上阿波罗道尔对当地的地形十分熟悉，他们成功地穿越了阿基拉斯军队的营地，没有被人发现；随后快马加鞭一路向亚历山大城疾驰而去，他们得在两天之内赶到那里。在横渡了数条尼罗河的支流之后，他们舍弃了坐骑改乘小舟，在小舟上有一条大地毯，这是事先准备好的。

"你想清楚了吗？"阿波罗道尔一边将地毯展开，一边问道。

克娄巴特拉点点头，侧身躺下并蜷缩成一团。她无法动弹，每一次呼吸，感觉肺里吸入了满满的尘土。负责准备小船的人显然忘记了事先将地毯上的灰尘清理干净。在漫长的数个小时里，她只听到木桨拍击浪花的声音。

终于，阿波罗道尔低声对她说：

"我们已经穿过了主运河，来到城里了。"

幸亏没有任何士兵拦下我们！她在心里默默想道。现在只剩下瞒过恺撒的贴身侍卫了。船身撞击护城墙产生的振动，让她明白已经到达了王宫的浮桥。很快，她感到自己被粗暴地立起来，然后被迅速扔到一个人的肩膀上。因为疼痛，她忍不住呻吟了一下。

"别出声！"阿波罗道尔严厉地命令道。

"谁在那儿？"

"克娄巴特拉王后陛下的使臣。我奉命将此礼物敬献给恺撒。"

"不可！天色已晚，你将此……地毯交给我，"士兵一边说一边仔细检查来人，"明日一早，我定将此礼物送达。"

"王后陛下令我务必亲自送达。如若违抗，我恐怕命不久矣！"

"你说你是代埃及君主向我敬献赠礼？"恺撒突然出现，仔细打量着来者。

"正是，尤里乌斯·恺撒，"阿波罗道尔很快恢复了镇定，"请允许我将整个埃及呈现于您的足下。"

　　于是，阿波罗道尔将地毯从肩上滑下，拉住其中一角使劲向上一拉——克娄巴特拉突然出现在这位罗马人的脚下，尽管她的裙子又脏又皱，眼前的罗马人还是惊呆了。她缓缓站起身来，面对着恺撒，脸上始终带着适宜的高贵与端庄。她完全不知道她是多么迷人，恺撒曾在钱币上看到的肖像与眼前的女子完全没有可比之处。他仔细端详着她，不仅仅是因为她拥有异于常人的美貌，更是因为她的优雅和果敢拨动了他的心弦。接下来，情势变得有些滑稽，甚至让人意想不到。恺撒爆发出一阵笑声，然后就转身离开了，克娄巴特拉一直跟随着他，心里却在思忖（cǔn）这个罗马人到底想干什么。笑声持续了许久才停下来，逐

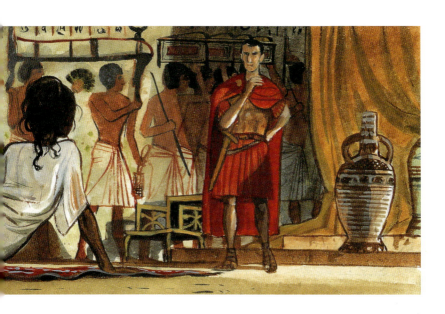

　　渐恢复平静的克娄巴特拉开始向恺撒解释，她来到此地私下见他的原因。只要将埃及的财富和罗马强大的军事力量联合起来，他们就能成为地中海沿岸无可争议的主人！因此，他必须协助她重夺法老的宝座。

　　恺撒完全被这位年轻王后的胆识和抱负震惊了。在还没有征得他同意的情况下，她就这样向他求婚！一旦他答应，不仅能够轻而易举地将埃及据为己有，而且眼前这位活力四射和热情真挚的女王也将属于他，这怎能不让他心花怒放。

　　黑夜静静地流逝，这一双出众的璧人完全沉浸在美妙浪漫的际遇里。

公元前 3 世纪的罗马

继横扫意大利、大胜迦太基之后，罗马将影响力延伸至西班牙和高卢。后来，罗马相继攻占希腊和帕加马。罗马人成了地中海的主人。

帕提亚战士

罗马帝国

为了维护帝国的统一，罗马人实行行省制度，由行省总督负责管辖，各行省间由公路网衔接。他们尊重被占地区人民的风俗习惯和宗教信仰。

罗马军队

这是一支纪律严明、训练有素的专业部队。除了军团的士兵，其他兵种和后勤工作人员均从附属领地招募。他们通常都具备特殊的技能，其中最负盛名的当数来自东方的弓箭手。在军事生涯结束之后，他们将成为罗马公民。

罗马军团的军官及士兵

高卢战士

攻占高卢

高卢地产富庶，人口富足，但是一直处于分裂状态。恺撒利用局势，逐渐树立自己的威望。阿维尔尼部落首领维钦托利率领数个高卢部在戈高维亚取得大捷公元前 52 年，维钦利在阿莱西亚战役中北，自此高卢成为罗的一个行省。

米底人

米底人

人们对这个来自伊朗的民族知之甚少。他们分裂为生存在马背上的游牧部落和依靠驯养马匹和放牧羊群为生的部落。他们曾是埃及的盟军，时常与帕提亚人为敌。

"只要将埃及的财富和罗马强大的军事力量联合起来，他们就能成为地中海沿岸无可争议的主人！"

帕提亚人

起源于亚洲草原的游牧民族，定居在今伊朗境内。被亚历山大战胜后直到他去世，帕提亚人才从塞琉古帝国的统治下摆脱出来。公元前53年，在大胜罗马人

之后，帕提亚人成为罗马的头号死敌。作为古波斯帝国的后继者，帕提亚人好战并擅长军事组织，他们意欲控制地中海东部地区，直接威胁到罗马帝国统治下的广大领土。

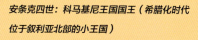

安条克四世：科马基尼王国国王（希腊化时代位于叙利亚北部的小王国）

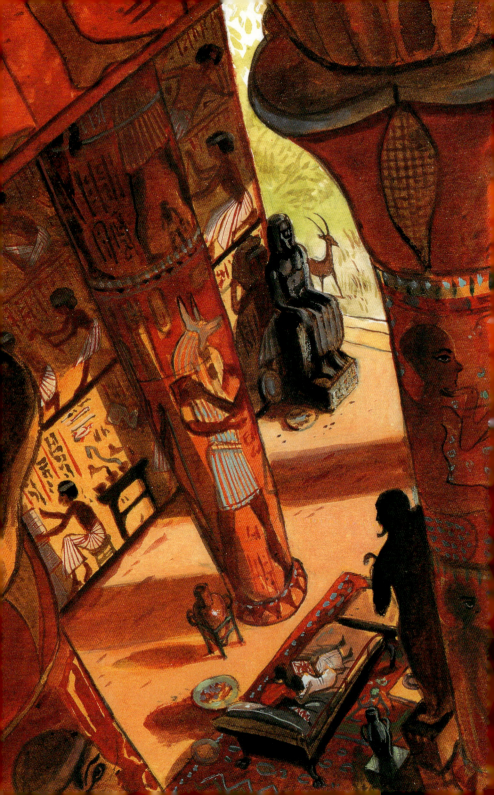

亚历山大城之战

清晨的第一缕阳光在王宫的壁画和挂毯上轻轻跳跃，使整个房间笼罩在淡粉色的光晕里。恺撒一边欣赏着各类精美的艺术品，一边不停地赞叹。富丽堂皇的木雕物件镶嵌着金箔片，流光溢彩的乌木和象牙家具装饰着翡翠和玑瑁，绣着金线的锦缎床具缀着祖母绿碧玉。这一切，都在极力彰显埃及法老的财富，奢华和美妙在这座王宫里无处不在。但是，他已经将整座亚历山大城最完美的珍宝拥在怀中。克娄巴特拉正躺在铺着豹皮软垫的躺椅上，靠在恺撒的肩头沉睡，似乎此刻不受任何问题的困扰。恺撒温柔地用手抚摸着她的脸庞。这个权倾一时的男人，已成为罗马人命运的主宰。

他此行的目的是为了昭显罗马的声威，而非成为一个年轻女子的裙下之臣，即便这个女子是埃及的法老。然而，在他征服的所有女子中，从来没有一个像眼前这位让他如此心烦意乱。如何才能遗忘她令人魂牵梦萦（yíng）的呢喃细语，还有她双眸深处炽热的火焰？

但是他已下定决心，排在首位的仍然是他的政治抱负。

他轻轻摇晃着克娄巴特拉，直到她醒来。克娄巴特拉优雅地伸了个懒腰。

"已经很晚了吗？"她睡眼惺忪地问道。

"不，天刚亮。我得准备一下去会见你弟弟托勒密了。"恺撒冷冷地说道。

"为何如此冷漠？"克娄巴特拉表示很吃惊。

"你虽年轻但不笨。尽管你期望我辅助你重夺王权，但我到此是为了捍卫罗马人的利益，而不是任凭你摆布。"

"但是我们的利益可以达成一致啊！"

"这个得由我来评判。"

"那你要选择无视神的旨意吗？是神安排了我们的相遇和……"

克娄巴特拉还没来得及说完她的抗辩，一个卫兵就来通报说托勒密已经到了。恺撒起身，他的神情变得异常严肃。他整理了一下扣住长袍的襟（jīn）针，面向宫门，神情冷峻威严。

襟针：罗马人用以固定衣服前面部分的扣针。

托勒密走进房间，一下子愣住了。当发现是姐姐的时候，他睁大了双眼，合不拢嘴。他久久地凝视着她，惊讶万分。他以为她已经死了，他分明已下令追杀她的呀！她是如何接近恺撒的？他们在一起多久了？突然，他猛地醒悟过来，克娄巴特拉已先他一步，成功地拉拢了恺撒！气急败坏的托勒密没能控制住自己的情绪。他急得直跺脚，无法说出一句连贯的话，只能一把抓住他的王冠狠狠地摔在地上。

"这是何种礼节？来人，给我说道说道？"恺撒评论道，他被这个十二岁男孩的举止逗乐了。

"我……我……我姐姐怎么会在此？"

"如您一样啊！我可是热忱邀请两位前来的啊！"

恺撒内心思忖着如此人物如何能成为埃及的一国之君。他让侍从取来长袍，一边穿一边说：

"罗马承认你们两位均为合法统治者。今晚，请务必设宴以便我昭告天下。另外，别忘了准备一份大礼，以答谢罗马人的深情厚谊。哦，对了，还有，如再有人危及王后的生命安全，实属不当。如今我是她的庇护者……当然，我也庇护您！"

说完，恺撒大步走出了房间。忍到此刻，年轻法老的愤怒才完全发泄出来，他对姐姐怒吼着最恶毒的诅咒。但他的暴怒得到的仅仅是更多的蔑视。他在离开之前恶

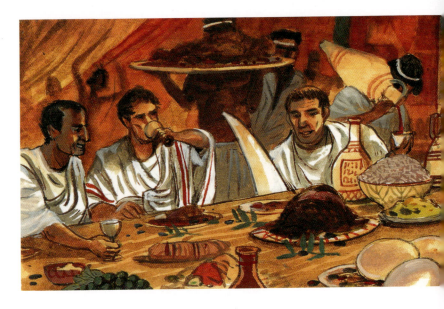

狠狠地说:

"我的姐姐,好好享受当下吧,你很快将会尝到复仇的恶果!这个恺撒,在这里连个屁都不算!在此期间,你给我好好筹备晚宴,这是你作为法老妻子唯一能尽的义务!"

当天晚上,为了向法老夫妇表示祝贺,亚历山大城所有的权贵都到场参加了这场奢华的宴会。恺撒宣读了托勒密十二世的遗嘱,在遗嘱里他指定长子及长女为合法继承者。最后,恺撒承诺将塞浦路斯归还埃及,并交由克娄巴特拉的妹妹阿尔西诺伊和弟弟统治。如此慷慨的行径,使他获得了亚历山大市民的认可,并终结了宫

廷的纷争。克娄巴特拉听着恺撒的讲话，觉得他比以往任何时候都更加威严庄重。他的头发、双臂和脖颈装饰着精雕细琢的金箔片和宝石；精心编织每一条丝线的**丝绸**长袍，如同另一层肌肤，紧紧贴合着他的每一寸曲线；产自**西顿**的薄纱包裹着他的肩头。

恺撒致辞结束后，晚宴开始了。巨大的亚洲象的象牙支撑着王室餐桌，这些餐桌均由产自**阿特拉斯山脉**森林的木材制成。菜肴陆续被端上来，一道比一道精美：鹌鹑、山鸡、鹅肉、以荷花酱汁烧制的羚羊小肉串、无花果、蜂蜜杏仁蛋糕、红酒和啤酒……

西顿： 腓尼基城市，今黎巴嫩。

阿特拉斯山脉： 非洲北部的多山地区。

然而事实证明，兄妹间的和解是不可能的。不久，他们之间争权夺势的硝烟再起，且愈演愈烈。为了煽动亚历山大城的人民对克娄巴特拉的仇恨，波提纽斯在城里散布了最恶毒的谣言。两周之后，阿基拉斯率领一支两万两千埃及士兵的军队抵达亚历山大城，以对抗六千罗马士兵。他很快就率军包围了王宫，并且禁止一切人员出入，连出城或驶离王室港口都被禁止。恺撒、克娄巴特拉和两支罗马军团被围困在王宫和剧院之间筑有防御工事的街区。他们中了敌人的圈套，一直在焦急地等待不知能否及时到达的援军。由于担心阿基拉斯会俘获罗马舰队，恺撒下令放火烧了自己的五十艘三层桨战舰和王室舰队。很快，大火蔓延到了城里。克娄巴特拉从房间的窗户望出去，倍感无力地注视着这场任意肆虐的大火。为了和恺撒结盟，她都干了些什么！用于储存出口卷轴的图书馆货仓，早已付之一炬。同样灰飞烟灭的，还有存储小麦的仓库。目前，犹太人聚居区也就是商业区，也已经被熊熊大火吞没。

　　大火之后的数个星期，王宫依然被包围着，境况令人窒息绝望。克娄巴特拉无法再继续掩饰内心的焦虑。

　　"恺撒，我们将何去何从？我的妹妹阿尔西诺伊背

叛了我。她逃走了，并已经和阿基拉斯的军队成功会合。很快，她就会取代我，成为新的王后。"

"保持冷静，克娄巴特拉，增援部队就快到了。"

"但是，还要等到什么时候？两天前，你差点被毒死！为了断绝我们的淡水资源，阿基拉斯已经下令在管道里灌注大量海水。"

"你冷静一点！提醒你一下，波提纽斯因为策划此次谋杀已经被处决了。而我已命人在挖井，我们很快就不愁没有淡水。既然你妹妹叛逃了，我们就等着看好戏吧，你弟弟也快离开王宫了。我跟你打赌，很快他们就会开始无休止的争吵。我觉得，这似乎是托勒密家族的一个悠久传统。"

克娄巴特拉不得不承认，恺撒说的是对的。

几周后，阿尔西诺伊设法处死了阿基拉斯。作为报复，托勒密杀害了妹妹的谋臣。从此，混乱的埃及军队只能由一个乳臭未干的法老统率。

公元47年2月，增援军团从**帕加马**赶来，恺撒的兵力不断壮大，出兵与法老正面对决的时刻到了。这位伟大的罗马战略家击溃了法老的步兵阵营。不久，在尼罗河的

帕加马： 阿塔罗斯王朝的首都，位于小亚细亚。

运河上，他们将与埃及舰队进行终极一战。身着绚丽夺目的金铠甲的托勒密，昂首站在统帅舰的船头。但是由于身体过于单薄，而且年龄太小，他被铠甲压得寸步难行。当舰船调转船头的时候，他失去了平衡，仰面跌落在运河深深的水里。沉重的铠甲让他径直沉向海底。最终，托勒密就这样溺死了。

亚历山大城

在古代，亚历山大城被认为是希腊化时代最繁华鼎盛的城市。大量的建筑群、众多的人口、丰富的经济和文化生活经常让从港口登陆的游客瞠目结舌。

亚历山大城的建立

亚历山大大帝在经历了一场梦境之后，决定修建亚历山大城。整座城市的格局按照国际象棋的棋盘设计，成为面向地中海的重要港口。最终，由托勒密一世完成了兴建，在城市中修筑了许多希腊-埃及式的建筑。完备的管道系统和地下储水池，保障了城市居民的充足用水。

亚历山大灯塔

世界上最高的灯塔，托勒密王朝君主权力的象征，周围装饰有巨大的雕像。塔顶终年不灭的火焰能为五十公里开外的航海船只指示海岸线的方向。位于法罗斯岛的灯塔通过海波塔斯塔德长堤跟陆地相连，它是世界七大奇迹之一。

亚历山大灯塔

用希腊语写作的木简

图书馆

托勒密王朝的君主意欲在此揽尽天下学识。大量使者被派遣到世界各地，以搜集各类手稿及其副本。

以弗斯图书馆（位于小亚细亚，今土耳其）

亚历山大城（位于地中海北部和马雷欧蒂斯湖南部之间）

"很快，大火蔓延到了城里……用于储存出口卷轴的图书馆货仓，早已付之一炬。"

亚历山大城，古代世界第一城

亚历山大城是一座国际化的城市：人口在五十万到一百万之间，其中包括希腊人、埃及人、犹太人、阿拉伯人、高卢人、印度人。所有居民使用希腊语进行交流。

作为重要的文化中心，城内聚集了世界各地的文人学者。城市内为居民建有大量体育学校、剧院和公园。其中王宫片区最为奢华壮观。每一位托勒密君主都为自己建造了寝宫，其中一面朝向王室港口。

考古挖掘

由于海岸线的崩塌，港口的海水将灯塔和王宫部分片区吞没，考古挖掘为重现灯塔和王宫遗迹提供了线索。

亚历山大港水下考古挖掘

尼罗河巡游

军舰载着克娄巴特拉和恺撒缓慢地沿着尼罗河向上游行驶。端坐在这座漂浮宫殿的甲板上，克娄巴特拉感到前所未有的轻松。4月的阳光是如此完美，包括这次与恺撒的海上航行，足以与神灵的仙游相媲美。然而，成百个问题依然萦绕在她的脑海中挥之不去。大获全胜的恺撒立即要求克娄巴特拉按照埃及习俗，嫁给她另一个年仅十一岁的弟弟——托勒密十四世。他曾向克娄巴特拉保证，埃及永远不会成为罗马的一个行省，只是罗马军团必须驻守在埃及，并且埃及得定期向罗马进贡黄金和小麦。但是，这难道不是另一种形式的统治？克娄巴特拉心里一直都很清楚，她与恺撒结合的意义更多是为了巩固王权。为了自己的事业，恺撒有过多次的婚姻。在政治面前，情感永远都是要让位的。她又何尝不是利用与恺撒之间的恋爱关系来重夺王权，实现个人野心？她轻轻地摇晃着脑袋，仿佛是为了驱散头脑中所有的疑问和不确定。她回到了位于船尾的宽敞的卧室，恺撒正在里面教一个年轻的奴隶玩**塞纳特**游戏。看到克娄巴特拉进来了，恺撒就离开桌子，让她坐在自己的身旁。

"这个游戏真是引人入胜，"恺撒评论道，"等我掌握了其中的规则之后，就可以和你较量一下。"

"我更喜欢耍蛇，但无论什么游戏，你都会是我的手下败将。"克娄巴特拉可爱地调笑道。

"你可不要太得意忘形啊！在这里，虽然你样样精通，可是我学东西很快的，你要当心哦！"

年轻的王后从银盘中抓起一串葡萄，将葡萄一粒一粒地放入口中，她直勾勾地注视着恺撒。尽管这个男人比她年长很多，但仍非常有魅力，薄薄的嘴唇、挺直的鼻梁和黝黑的双眼让他充满魅力，看上去极富智慧。自从这艘统帅舰率领四百艘战舰驶离亚历山大港之后，他就不停地向她询问有关埃及的事情。恺撒对埃及的兴趣让她有了希望。如果他钟情于尼罗河的财富，那么她就有可能将这个已经成为**行省总督**的男子留在自己的身旁。

不久，统帅舰驶入了一条运河后就深陷在淤泥里。突然，他们眼前出现了一片巨大的建筑

塞纳特：古埃及女性爱玩的一种游戏。

行省总督：古罗马执政官，负责管理行省。

工地。

"快看，恺撒，这是丹达腊神庙，供奉哈索尔女神的庙宇！"

"谁？"

"哈索尔，就是那个长着牛角的女神！她是我们埃及人的爱神、舞神和欢乐之神。"

"但还在施工！我们去干吗？"

"一百多年前，托勒密六世下令开始建造这座巨大的神庙，等到竣（jùn）工它一定会非常壮观漂亮的。希望我能够长命百岁，看到它竣工的样子。"

克娄巴特拉和恺撒走进祝圣室，这里是女神的圣地。大批工人正在紧张忙碌地劳作，其中一些人借助绳索搬运巨大的石块，巨石在圆木上缓慢地滑动；另外一些专业的工匠，则在巨大石柱的墙面上进行雕刻和绘画。

"这是什么？"恺撒用手指着一个水池问道。

"这是圣水池，在各种**宗教仪式**的时候会用到。走，我们到神庙里边看看。"

恺撒跟着走了进去。建筑物的宏伟壮观让他赞叹不已。神庙的外墙均为壁画所覆盖，都是跟埃及神祇（qí）相关的场景。神庙内部，圆柱粗壮高大，两个成年男子的手臂都无法将其围住。抬头仰望木质天花板，恺撒惊奇地发现一个象征天穹的穹顶，竟绘有如此繁复的装饰画，也许需要数天时间的仔细观赏才能欣赏完。奇怪的是，这里的圆柱**柱头**顶端并未装饰荷叶或棕榈叶，而是饰以哈索尔的头，头上长着一对牛耳朵。克娄巴特拉示意恺撒跟着自己进入另一间屋子。

宗教仪式： 各种宗教活动的礼仪规范。

柱头： 圆柱顶端加宽并带有装饰的部分。

"这里是祭品室。"她说着将船上带来的一个小包裹放在一张小桌子上，那里摆满了丰富的贡品。她轻轻地打开包裹上的绸布，从里面取出一个蛋糕。

"看那儿，那是什么？"恺撒一边问，一边走向另一间屋子。

"不，不要进去，那是万圣室，只有经过斋戒沐浴的祭司和法老才能进入。对我们而言，那里是非常神圣的。里面有一个神龛柜，供奉着神像，每天清晨祭司会前来将神像请出。他会紧紧将神像抱住，祈求神灵在天庭过夜之后重返人间。"

"所以，我们的参观就到此结束了？那么，我们回去吧，天色已晚，明天我们必须赶到底比斯。"

他刚说完，一名祭司走近克娄巴特拉，跪倒在她面前，将一个物件呈递给她，并亲吻了她的双脚。走出神庙后，恺撒询问克娄巴特拉，那名祭司给了她什么东西。

"他送给我一个护身符。这枚小小的珠宝象征哈索尔之眼，它会在我们接下来的航行中一直保护我免遭厄运。"

两个月以来，克娄巴特拉伴着恺撒在尼罗河沿岸航行。这次航行的首要任务，就是让埃及人信服王后的合法性，并确保王国的社会稳定。使者的到来、官方仪式的举行时常会扰乱他们宁静的航行，但是这次奢华的海上巡行让他们更好地了解彼此，让内心的爱恋恣（zì）意生长。

　　巡行归来之后，恺撒在亚历山大城停留了一段时间。他邀请了很多科学家和祭司，一起探讨有关尼罗河的起源、历法和度量衡的问题。但是他得前往罗马参加他的**凯旋庆典**。在离开之前，他强行留下了两个军团驻守亚历山大城，并向克娄巴特拉保证，此举的目的是为了更好地保护她。然而，她不由得感觉"这是为了更好地监视你"。

凯旋庆典：为获得战争胜利的罗马将军所举行的庆祝活动，并授予荣誉。

　　此后，克娄巴特拉就独自一人执政，并致力于恢复王国的行政秩序。但没有那个伟大的罗马人在场，她倍感压力。她急切地盼着他的每一次来信。在最近一封信里，他要求她前往罗马与他相聚，并且在罗马定居。这到底是何用意？他让她前去，是为了告诉他的臣民，他早已将整个埃及牢牢地掌握于股掌之中？王后应尽的职责和无法抵抗的渴望重逢的强烈愿望让她痛苦地纠结。除此之外，还有她腹中的胎儿，那是恺撒的骨肉，也是他唯一的继承者，尽管恺撒还不知道这件事。也许，这个孩子未来会重振埃及昔日的辉煌。最终，她还是决定前去与恺撒相聚，她坚信在罗马能更好地捍卫自己王国的利益，那儿才是决定东方未来的地方。

埃及诸神

得到了托勒密王朝君主的认可，并与希腊诸神共存。很快，两种信仰体系进行了融合，被称为"诸神混合"。

伊西斯

冥王欧西里斯的妹妹及妻子，与其子荷鲁斯共同执政。这位佩戴鹰头的女王是法老的保护神。克娄巴特拉和儿子恺撒里昂被视为是这一神灵母子的化身。

塞拉比斯

由托勒密王朝君主所创。塞拉比斯是希腊神祇宙斯、狄俄尼索斯、阿斯克勒庇俄斯和埃及神祇阿比斯、欧西里斯融合的产物。在亚历山大城，人们在萨拉帕伦大神庙举行祭祀塞拉比斯的活动。

塞拉比斯（由托勒密家族虚构的新神祇，蓄着胡须，额头前留着几缕发丝）

"快看，恺撒，这是丹达腊神庙，供奉哈索尔女神的庙宇！"

正在给荷鲁斯哺乳的伊西斯

狄俄尼索斯

阿佛洛狄忒

古希腊的爱神和美神，通常以裸体的形象示人。

阿佛洛狄忒和狄俄尼索斯

希腊的爱神和美神阿佛洛狄忒，与罗马的维纳斯以及埃及的伊西斯相对应。狄俄尼索斯以及罗马人信奉的巴克科斯是酒神及狂欢之神。希腊人对酒神的祭祀是神秘的宗教活动，参加祭祀的人期望被酒神赋予不死之身。正是因为如此，酒神在希腊通常与冥王欧西里斯联系在一起。

因此，希腊的阿佛洛狄忒与狄俄尼索斯夫妇和埃及的伊西斯与欧西里斯夫妇相对应。而后来的安东尼和克娄巴特拉也以类似的夫妇形象，在希腊化时代的整个世界享有极高的名望。

哈索尔

这位司掌埃及人爱情和音乐的女神头上有一对牛耳，母牛是她的神兽。哈索尔神庙位于丹达腊，始建于托勒密王朝时代，但一直未完工。

按照埃及人的习俗，祝圣的地点，即女神的圣地，由围墙隔开，其中包括哈索尔神殿，其子的神殿和伊西斯神殿，以及祭祀活动期间使用的圣水池。

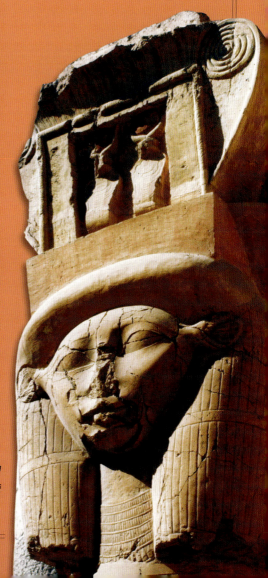

祭祀哈索尔的丹达腊神庙（哈索尔是埃及的爱神和音乐之神）

暂居罗马

克娄巴特拉奢华的别墅位于**台伯河**边，此时她正
情绪激动地在宽敞的柱廊下边走边大
发雷霆。两天了，她一直在等待恺撒

台伯河: 流经罗马的
河流。

来看望她。她来到罗马已经快一年了，只有部分朝臣
陪伴在她左右。一直以来，她都在密切留意弟弟托勒
密十四世的动向，以免他与其他意图谋权篡位者勾结。
在亚历山大城，有罗马军团和她最忠诚的大臣们在加
强防备；在罗马，她享受着一位东方女王应有的奢华
与荣耀。但事实上，对罗马人来说，她什么都不是，
而且她开始怀疑自己在恺撒心目中的重要性。他曾将
她独自一人留在宫中数月，就为了前往西班牙征战。
如今，他早已归来，但是来探望她的次数越来越少。
他们的儿子恺撒里昂的诞生也不足以将恺撒留在她身
边。每当有关这位执政官艳遇的谣言传到她耳朵里的
时候，她都感到嫉妒在内心蔓延。

克娄巴特拉沉浸在自己纷繁芜杂的思绪中，手指将

包裹着双肩的轻薄长披纱一点点撕成了碎屑。她忠实的女仆夏米昂难过地注视着女王。自从他们入住罗马的别墅之后，她亲眼看着克娄巴特拉要么屈服于一种简单纯粹的生活，整个白天唯一操心的事就是如何精心打扮自己，准备好晚上的侍寝；要么沉浸在一无是处的绝望当中。女王在无止境地等待一个男人的恩宠，而对于这个男人来说，爱情并不是头等大事。冬季似乎是漫无止境的，在这座没有丝毫生机的城市里，这些被迫背井离乡的埃及人痛苦地思念着埃及的炎热气候。伤感忧愁郁结于克娄巴特拉的心中，夏米昂看到克娄巴特拉的双眼被泪水浸润得又红又肿的次数越来越多。她走近这位年轻的女王，从她手里接过仅剩的一点长披纱，努力尝试安慰她：

"别担心，克娄巴特拉，恺撒很快就会来的。"

"夏米昂，我该怎么办？我放弃了我的江山社稷前来与他相聚，我还为他诞下子嗣（sì），但是这一切又有何用？"

"不要那么绝望。你对他抱有太多的期望，但是别忘了，你爱上的是一个有权力欲望的男人，而不是一个喜欢爱情游戏的男人！"

"也许你说得有道理。快，把我打扮得更漂亮一些，我要比以往任何时候都更加迷人。"

当恺撒见到克娄巴特拉的时候，已经华灯初上。在这位年轻女子的脸上，已看不到任何忧愁的痕迹，她满脸笑容地迎接他。尽管她一再下定决心要掩饰自己的情绪，但是当恺撒指责她在罗马年轻人面前，尤其是他的朋友安东尼面前过分招摇的时候，她再也无法抑制自己的怒火。

"数日以来，你所做的就是一直让我独守空房，你凭什么来指责只想去玩乐一下的我？"她大声抱怨，双眼充满了愤怒的火焰。

"我肩上负有职责，元老会里的劲敌一直对我虎视眈眈！"

"你还敢跟我谈职责？你已经逼我背弃了我自己的职责！"

"你别太夸张了。你依然是埃及的王后，而我已经竭尽全力将你的名字和我紧密联系在一起！难道你忘了，你的纯金雕像已经竖立在维纳斯神庙里？在这里和在你的王国一样，你已经是女神的化身！"

"这只是你的一家之言，罗马人都把我们当笑话看！

你去看看著名的**西塞罗**都写了些什么！他仇视我，将我妖化为**共和国**的敌人。甚至在你拒绝接受王位之后，他还谴责我煽动你背叛了共和国！我呢，我是一国之后，而你的罗马人民憎恨君主制，他们怎么可能接受我？

西塞罗：罗马政治家、雄辩家，著有大量演说作品。

共和国：出现于公元前0世纪的罗马，该政体以权力的分治为基础，被设立为非世袭制。

"罗马人认为君主政体是对神灵的亵渎（xiè dú），共和国的法律是神圣不可侵犯的。我一直在担心，你来自希腊，而东方的价值观会永远和罗马人的格格不入。"

被此次谈话弄得心灰意冷的克娄巴特拉，陷入了自言自语当中："那么，我们的孩子在这里是看不到任何

未来的。我得回到亚历山大城去。"

　　恺撒当即表示反对，他的儿子绝对不能离开罗马，绝不可能！他的妻子卡尔普尼亚一直没有诞下任何子嗣，曾经有那么一段时间，他想就这样认命了，断子绝孙。但是这些年来，恺撒里昂在他身边慢慢长大，诚然他没有花费太多的时间和精力在儿子身上，而且在他眼里，他现在还只是一个没有任何价值的孩子，但是，他毕竟永远都是他的继承人，他和**尤利乌斯家族**未来的荣光还得全看他。由于担心同时失去母子俩，他答应在政治和军事事务允许的前提下，会尽量陪伴在她左右。

尤利乌斯家族：指恺撒的家族。

克娄巴特拉在恺撒心目中重新找到了自己的位置，她的生活更加平静恬淡。

恺撒一边和年轻的埃及女王在台伯河边的花园里尽享怡然自得的生活，一边不停地努力思索如何将他们的关系官方化。他想让恺撒里昂成为自己的合法继承人。但是，从法律上来说，孩子不是罗马公民，因此不可能享受任何权利。接下来，可怕的公元前44年3月15日到来了，安东尼没有经过禀报就径直闯入了年轻女王的寝宫……他刚进门，克娄巴特拉就明白，不幸的事情发生了。

"发生什么事了？什么事要让你亲自登门？"

"是恺撒！他刚刚在元老会里被谋杀了！"

克娄巴特拉眼前的一切突然剧烈地晃动起来。她紧靠在墙上，缓缓地任由身体滑向地面。安东尼立即伸出双手抱住了她，并试图安慰她。他已多次见过这位年轻的女子，他很欣赏她。他明白她对恺撒的爱恋有多深，他一直在想如何才能帮她从痛苦中摆脱出来。

"告诉我发生了什么事。"她蜷缩在石板地面上，用几乎听不到的声音询问道。

"彻头彻尾的阴谋！有些罗马人担心他会迎娶你这

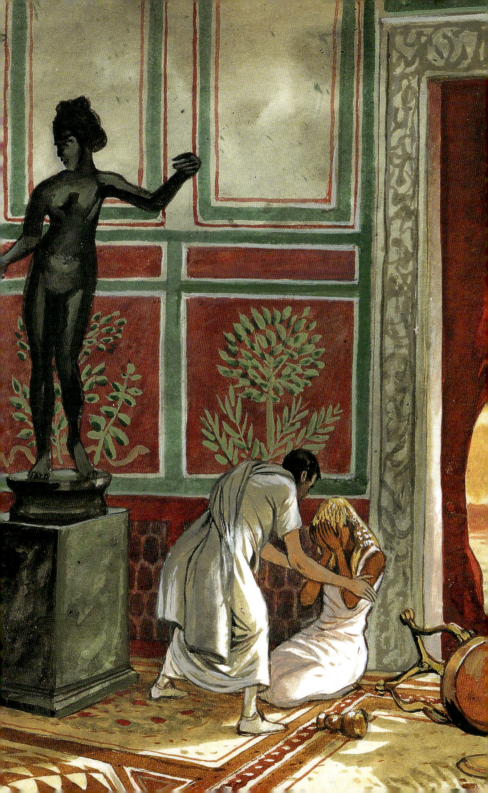

个异国人，从而成为东方化的君主，将共和国的规则玩弄于股掌之上。那些人蜂拥而上，用匕首刺向他。但是一直被他视为己出的布鲁图斯的刺杀，才是最致命的。他瘫倒在庞培塑像的脚下，发出了最后的怒吼：'我的儿啊，你居然也如此对我！'……我向你保证，我一定会为他报仇雪恨，我要让那些谋杀他的人血债血偿！"

克娄巴特拉已经什么都听不进去了。

恺撒什么都没有给她留下。而在这里，他唯一的儿子不过是一个私生子，居心叵（pǒ）测的人们势必想要将他斩草除根，以绝后患。屋大维——统帅的侄子兼养子——将被认定为唯一合法继承人。一旦她恢复了体力就必须马上回埃及去。她刚刚失去了挚爱和盟友，现在她必须设法保护孩子和自己的王国。

为了筹备离开的事宜，克娄巴特拉花了好几个月的时间。7月，法老的舰队抵达了埃及的海岸。如同**荷鲁斯和伊西斯**一样，他们母子的归来得到了亚历山大人民的热烈欢呼。

很快，王后就重新接手了王国的各项事务。在她离开的日子里，底比斯的加利马克这位来自上埃及的战略家，忠

荷鲁斯和伊西斯：神灵的母子组合，恺撒里昂和克娄巴特拉被视为其化身。

心耿耿地管理着来自土地的一切收入。但是，克娄巴特拉归来后的几年，人民的生活一直过得很艰难。尼罗河河水的泛滥严重不足，无法带来丰收所需的淤泥。饥荒和疫病让人民不堪重负，他们坚信是神灵发怒了。幸运的是，克娄巴特拉预见到了这一切，提前命人储备了小麦。此时，她命令手下开仓赈粮，避免了埃及人民的暴乱。心系人民的克娄巴特拉拒绝了一切来自罗马的召唤。她不愿意再卷入恺撒遇刺引发的罗马纷争之中。这一切于她都已经不再重要，她对西方的事情不闻不问，至少有一段时间会这样。但是迟早有一天，她会问罗马人要一个交代。目前，她得让军队养精蓄锐，让人民休养生息。

罗马

堪称所有帝国城市的楷模。宏伟壮观的首都，容纳不同民族和族群，风格迥异的街区仿佛永远充满活力。

尤利乌斯·恺撒

出生于自称是维纳斯后裔的贵族家庭。公元前59年被选举为执政官。作为精明的政治家和杰出的战略家，他拥有足够的权势与元老会抗衡。公元前44年，为避免恺撒复辟君主政体，共和国政体的拥护者将他杀害。

古罗马市集废墟及重建后的元老会

恺撒统治下的罗马

公元前1世纪，动荡的社会和政治秩序迫使意大利人逃往罗马。城市迅速扩张，时常突破城墙的限制。在奥古斯特时代，城市人口已达一百万。需要六百眼泉水才能保证城市居民的用水。恺撒筹建了一系列大规模的市政工程，其中包括兴建一座新的市集。

尤利乌斯·恺撒

古罗马建筑模型

道路及建筑

罗马地少人多，建筑物越建越高，但依然人满为患。穷人区的道路狭窄且肮脏；富人区铺砌的道路整齐笔直，两旁布满别墅和豪华雄伟的建筑。二者形成了鲜明的对比。

政治组织

罗马社会由公民和非公民组成，只有公民有权参与政治生活。出生于古老家族的贵族，以及少数出生卑微但后来成为富人或权贵的平民构成了精英阶层。他们修读私人课程，最终进入大法官阶层。为了维护共和国政体，每年进行一次选举。但是，元老会有权每半年任命一位独揽大权的独裁官。

> "她来到罗马已经快一年了，只有部分朝臣陪伴在她左右。"

罗马贵族及其祖先

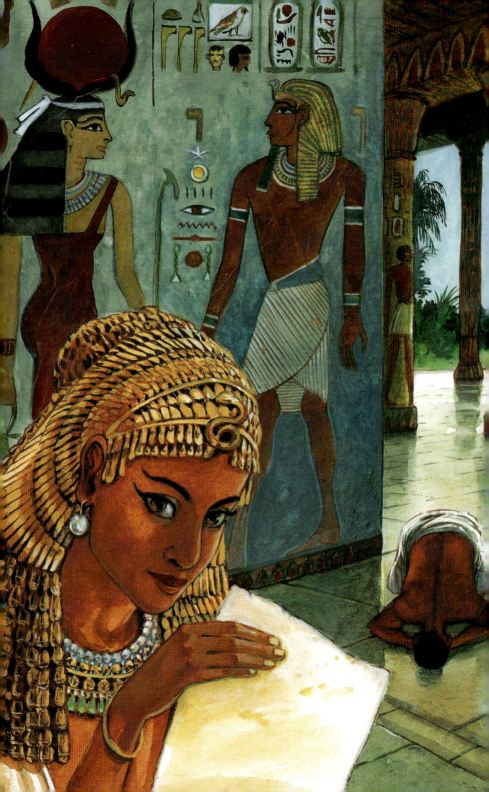

天作之合

如同往常一样，克娄巴特拉正在议事大厅处理朝中事务。朝臣向她谏言献策，她制定各项律法。她现在年满二十八岁，已经成为一个聪慧端庄、睿智圣贤的王后。为了巩固君主王权，她必须确保官员不滥用职权，不欺压百姓。在军队里，她任命埃及人担任重要职务。如此一来，希腊人不再是唯一手握强权的团体。大祭司们拥戴她，为她修建大量神化克娄巴特拉及其子的艺术品，来增加她的声望。于是，埃及人民把她视为神一般的崇高和伟大。

当年仅六岁的恺撒里昂走进威严的议事大厅的时候，克娄巴特拉刚刚颁布了新的政令。小恺撒里昂来给妈妈展示一把新弓。克娄巴特拉被儿子打断之后，索性宣布散会，牵着小恺撒里昂的手，离开了议事大厅。

陪伴恺撒里昂是唯一能让她在工作之余得到放松的方式。她宠爱他，并且希望能够将一个强大和自由的埃及交到他的手里。但她两周之前收到的传召并没能给她任何好兆头。她一直忧心忡忡。不久之前，安东尼要求她前往**西里西**的塔尔苏斯与他相见。他现在的地位已和恺撒的合法继承者屋大维不相上下，他已是**罗马三头同盟**中的一位。她内心很希望能够无视这次召见，但是这样做很有可能让埃及卷入一场毫无胜算的战争里。她很了解安东尼。在罗马，她曾无数次操着希腊语和这位钟情于**希腊文化**的杰出将领畅谈数个小时。但是，他首先是一个罗马人——一个聪明睿智、忠诚正直、坚忍顽强的罗马人，正值四十二岁的壮年。他实现了对她立下的誓言，铲除了杀害恺撒的阴谋者。如今，肩负掌管东方和亚洲领土的重担，他得和进犯罗马东部省份的帕提亚人进行战斗。

西里西：今土耳其东北部地区。

罗马三头同盟：罗马三巨头成员，共握罗马军政大权。

希腊文化：专指亚历山大大帝时期开始的希腊化文明。

因此，他迫切需要法老的小麦和黄金为军团提供给养。克娄巴特拉担心这次再拒绝会激怒他，因为她从未向他提供过任何援助。此时，她比以往任何时候都需要展现出高明的外交手腕，但幸运的是，她有最得力的王牌在手：安东尼爱恋着她。早在罗马的时候，他就一直在寻求与她相处的时机，并且力争成为她东方式奢华宴席的座上宾。既然他能做自己最强大的拥护者，那么她一定要成为最迷人的那一位……

所以，目前的形势对克娄巴特拉来说，还不至于那么凶险。她让夏米昂把恺撒里昂送到奶妈那里，她得尽快拟定一个行动计划。她必须和最忠诚的挚友们——阿波罗道尔、迪奥梅德谈一谈。他们建议她前去与安东尼会面，给他一个神一般的惊喜。

几天之后，克娄巴特拉顺着赛德诺斯河而上，前往塔尔苏斯。在舰船的船尾有黄金装饰，绯红色的风帆傲然迎风招展，长笛和齐特拉琴齐鸣的乐声从这艘神圣的船上飘出，在河面上飞扬。克娄巴特拉被装扮成了希腊的爱神阿佛洛狄忒。她侧躺在用黄金装饰的小阁楼里。按照天使模样装扮的孩童站在她的两侧，用扇子轻轻地摇着，为她送去丝丝清凉。在船甲板上的是她最美的女仆们，她们装扮成海中女神**涅瑞伊得斯**和**美惠三女神**，其中几位双手掌舵，另外一些手持绳索。沁人心脾的香气从船上飘散四周，弥漫在沿河的两岸。

涅瑞伊得斯： 希腊神话中，海神涅柔斯之女。

美惠三女神： 希腊神话中妩媚、优雅和美丽三位女神的总称。

很快，阿佛洛狄忒降临的消息就传开了。人们到处传言，说此次她是前来与狄俄尼索斯幽会的。这不是偶然发生的，一切都在克娄巴特拉的掌控

之中。在埃及，她将自己塑造成伊西斯的神圣化身；在罗马，正如恺撒的意愿，她成了维纳斯的化身。

自从巡游**以弗斯**之后，安东尼的名字就跟狄俄尼索斯联系在一起了。克娄巴特拉也向罗马的新主人提出了联姻，就如同阿佛洛狄忒和狄俄尼索斯之间的神灵的结合。安东尼对这样的安排感到受宠若惊。

刚得知克娄巴特拉抵达的消息，安东尼就立即派遣了一位使者去邀请她当天晚上共进晚餐。克娄巴特拉婉言谢绝了邀请，她更诚挚地希望他亲自前来与她共用宵夜。她承诺将会耗资千万**银币**，为他呈现最奢华的盛宴。他欣然接受了。

以弗斯：希腊城市，位于今土耳其，因其图书馆享有盛名。

银币：这里指罗马货币。

当他来到王后舰船停泊的地方，夜幕已经降临了。在登上舰船之前，他被璀璨辉煌的灯光震惊了。灯光布满了船的各个角落，悬挂的，倾斜的，还有甲板上的。单凭这些灯光就足以构成一场真正的灯光秀。如此绚丽辉煌的景象令人感到眼花缭乱，于是安东尼找了一个舒适的软垫长凳坐下来，而对面正是克娄巴特拉。今夜的她前所未有地迷人。她轻轻击掌，示意晚宴开始。一道又一道无比精致且富有异域情调的菜肴和美酒被呈上来了。

　　"时光飞逝啊，克娄巴特拉！我依然清晰地记得我们的第一次相遇。那时你年方十四，我前去辅助你父王重夺王位。但自从离开罗马之后，你就销声匿迹，杳（yǎo）无音信了。难道，你已经忘记了应当向元老会和罗马人民施以援手吗？"

　　克娄巴特拉深知此刻关乎埃及未来的生死存亡。她含情脉脉地看着他，试图找到能让他信服的理由。

　　"我当然不曾忘记。我曾派遣埃及舰队供你驱遣，以铲除谋害恺撒的人。但糟糕的是，舰队在海上遭遇了暴风雨，我晕船晕得厉害，因此我不得不下令让舰队调头回港。"

　　安东尼微微一笑。这个女人真是勇气可嘉，他当然不会轻易相信她的这些所谓的理由，然而他已经准备原谅她了。他决定用一种更加轻浮的语气跟她交谈，并提醒她曾许下的诺言。

　　"没错，克娄巴特拉，这次晚宴的确奢华无比，但恐怕还远不及感动神灵的程度吧。你不是答应要赠予我一件无价之宝吗？"

　　"好戏还在后头呢，安东尼。"

　　克娄巴特拉一挥手，让女仆们继续上菜。按照她的指令，一位女仆端来了一个盛满浓醋的坛子，缓缓地给她倒了一杯。克娄巴特拉懒洋洋地取下她的一只耳环——这是一颗巨大的珍珠——毫不犹豫地将珍珠放进了浓醋里。酸性的液体很快就将珍珠溶化了，妖娆的埃及女王仰头将这杯饮料一饮而尽。这位罗马人顿时目瞪口呆，不可置信地看着她吞下了一颗价值连城的珠宝。至此，这场会面的胜利者毫无疑问是这位美丽的女王，她赢了一场漂亮的外交胜仗。

由于完全无法抗拒克娄巴特拉的魅力，安东尼决定应邀在亚历山大城过冬。在重新奔赴战场之前，他可以在那里集结军队，筹措粮草。克娄巴特拉则倾尽全力地想方设法，让这位罗马将军在埃及度过的每时每刻都成为他毕生难忘的记忆。

跟恺撒一样，早在几年之前，他就已经游览过城里的那些神庙，那些恢宏壮观且奢华炫目的建筑给他留下了深刻印象。他经常出入**体育学校**，去聆听大学者们的演说。安东尼和克娄巴特拉形影不离，他们在马留提斯湖边、海滩上度过了很多愉快的时光，他们共同赴宴，一起出海垂钓或进山狩猎。有时，她甚至会参加他的军事训练。安东尼不知何时已脱下罗马长袍，改穿了马其顿短披风。他推迟了出征的日期，和在亚历山大城结识的新朋友们

体育学校： 壮观宏伟的建筑，文化、体育和文学教育中心。

一起创办了一个被称为"神仙团"的组织，意为生活快乐似神仙的人。成员们的唯一宗旨便是挥霍无度地寻欢作乐，醉生梦死。夜幕降临的时候，他们装扮成侍从或女仆，到亚历山大城的大街小巷去搞各种恶作剧。

在一年的时间里，安东尼的生活全被纸醉金迷占满了。但是，这让在罗马的三头同盟大为不悦。谣言已经四起："安东尼把自己当成了君主，是克娄巴特拉诱惑了他！"他是时候返回罗马去巩固自己的大权了。

埃及女子

埃及女子跟男子一样，非常注重外表和化妆。所有埃及人在化妆品和服装配饰方面会投入大量时间和金钱。她们信奉美貌至上，因为这是神灵的标志。

埃及女子的权利

相比地中海盆地的其他地方，埃及女子享有更多的自由权。她们可以外出工作，管理企业或是经营农场，甚至成为祭司或是神庙管理者。在法律面前，她们享有和男人同等的权利和义务。她们可以继承父亲的遗产，可以离婚并继续持有自己的财产，甚至可以起诉她们的丈夫。

服饰

通常是宽大的白色筒身连衣裙，半透明，袒胸露肩，配以华美的装饰。鞋袜并不是必需的。

清洁卫生

女性用起泡沫的膏状物做香皂，每天洗澡数次。在日常生活中，她们注重清洁口腔和指甲，以及身体脱毛。

木乃伊面具

头戴没药圆环的女性

头发

女性通常都留长发，烫卷或是编织成辫子，用珠宝或是发带加以装饰。她们也会佩戴假发。每当有重大节日来临，女性还会在头上佩戴一个由没药（芳香树脂）制成的圆环。没药圆环会随着头皮的热度逐渐融化，使秀发散发香味且富有光泽。

"……安东尼找了一个舒适的软垫长凳坐下来，而对面正是克娄巴特拉。今夜的她前所未有地迷人。"

化妆

数个世纪以来，埃及女性深谙化妆之术。她们将矿物质研磨成粉末，用以制作深色眼影、美白肤色和嘴唇涂色的化妆品。她们的脚趾甲、手指甲和手掌用散沫花染成红色。香水也不可或缺，她们用取自植物或动物的香料涂抹全身。

珠宝

用黄金、皮革或彩釉制成的珠宝通常蕴藏宗教意义。埃及人相信它们能为主人驱灾辟邪，使其免遭厄运。

黄金项链

奈费尔提蒂王妃石碑

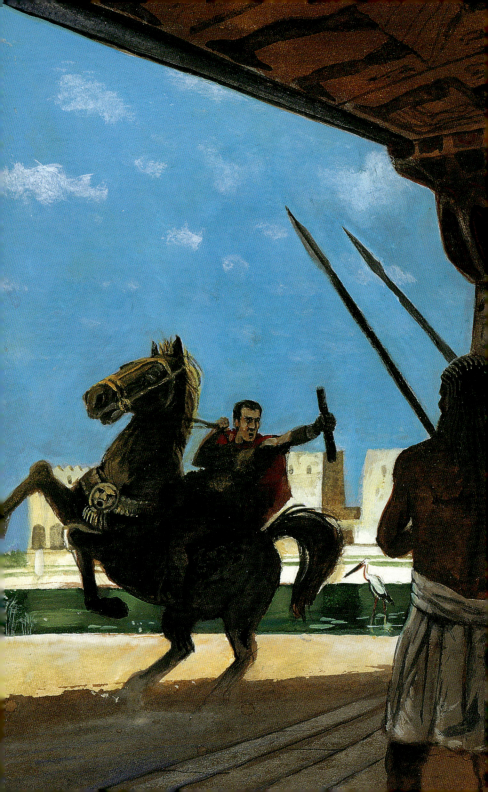

强国之梦

"再次向您重申，我是来向克娄巴特拉女王陛下递呈邀请函的。"

面对守卫议事大厅入口的两个卫兵的阻拦，因长途骑行而倦容满面的使者不得不提高了声调。

"女王此时有要务在身，不容打扰。"其中一个卫兵面无表情地回答。

"但是此事十万火急！是罗马的安东尼派我前来！"

"女王此时有要务在身，不容打扰。"另一个卫兵重复道。

"阿努比斯让你们的脑袋都变成了木鱼！我要见女王陛下！"年轻男子开始大喊大叫。

突然，门开了，克娄巴特拉的谋臣迪奥梅德出现在门口。

"发生何事？是谁胆敢扰乱王家会议？"

"万分抱歉。并非有意冒犯，但是安东尼命我必须尽快亲手将此信送交女王陛下。"

"安东尼？快进来！"

在空阔的议事厅里，迪奥梅德带领信使快步向克娄巴特拉走去。他在她耳边低语了几句，很快，女王的脸上绽放出异样的光彩。她示意正在俯身行礼的年轻罗马信使起身，接过了他呈递上来的纸莎草卷轴。她一眼就认出了安东尼的印玺，一言不发地迅速离开了大厅。

回到寝宫之后，她慵懒地躺在长椅的抱枕里，展开了信件。在信中，安东尼言简意赅（gāi）地表达了自己的意愿：让她即刻带着援军赶赴叙利亚的安提阿公国与他会合，一同再次讨伐帕提亚人。四年前，他也是以同样的方式在塔尔苏斯召见了她。那次会面之后，她为他生下了一对双胞胎，但是安东尼至今没有见过他们。为了赶回罗马，巩固他与竞争者屋大维的同盟，他毫无留恋地离开了克娄巴特拉，甚至还迎娶了屋大维的妹妹。克娄巴特拉又一次形单影只地和孩子们留在了埃及。她给这对兄妹取名为亚历山大和克娄巴特拉，还分别用太阳神赫利俄斯和月神塞勒涅的名字做他们的中间名。她曾经非常痛苦，但是她不知道伤害自己最深的，究竟是来自失去爱情的痛苦还是来自政治的背叛。

安东尼向她保证，一定会拱手相让罗马帝国东部领土的管理权，但现在他急需埃及的援助。克娄巴特拉对他仍然深信不疑。她的冷漠就这样被一封信瓦解了。

"伊拉，你过来！"

女王的女仆马上跑过来。

"是，女王陛下。"

"你看见夏米昂了吗？"

"她在照顾恺撒里昂，应该是送他去老师那里了。"

"好，那么你来帮我打点行李，不过先帮我梳妆。把**铅黑粉和铜绿粉**给我拿来，我要好好梳妆打扮一番。"

> 铅黑粉和铜绿粉：古埃及人常用的化妆品。

年轻的女仆——照做，她从一个箱子里取出两个黄金制成的小盒子，盒盖上分别是镶嵌宝石的圣甲虫和隼的图案。化完妆，克娄巴特拉又对着镜子仔细端详了一番，之后便带着龙凤胎孩子登上了王家舰船，出发去与安东尼相聚了。

重逢的场景跟克娄巴特拉预想的一模一样。一见到她，安东尼就重新陷入了女王的温柔乡里不能自拔。她抱怨他，让她忍受两地分离之苦，对孩子们也一直漠不关心，他坦言曾经想过将她遗忘，以全身心投身自己的事业，但是对她的爱恋肆无忌惮地滋长，愈加强烈。他无法控制想再见到她的欲望。

为了表达他的爱意和不再动摇的决心，他向她赠送了一些叙利亚的土地。作为回报，克娄巴特拉承诺会向他提供援助，并且陪伴他直到驶入**幼发拉底河**，然后目

幼发拉底河：流经今土耳其、叙利亚和伊拉克的河流。

送他率领着一支拥有十万兵力的军队渐渐远去。她心里坚信，等漫长的征战结束，安东尼一定会前来亚历山大城与她相聚，而且此后他将常伴自己左右。

之后的两年里，这位罗马将军在经历了一次对阵帕提亚人的惨败，以及对背叛他的亚美尼亚国王施以惩戒之后，启程前往埃及，如约前去与克娄巴特拉相聚。

女王满怀敬意地等待着安东尼的到来。身着女神伊西斯的盛装，她站在一个装饰着金银的平台上俯视全城。赛拉佩翁广场上人山人海，站在双轮战车上穿城而过的安东尼来到女王面前，战车停了下来。如同酒神狄俄尼索斯一般，他手持一根缠绕葡萄藤叶的手杖，踏上了铺满鲜花的地面。随着大合唱和长笛的齐鸣声而来的，是运送战利品和战俘的四轮车，其中有亚美尼亚王室的家族成员。这位罗马将军自豪英俊，意气风发，他的脸上洋溢着凯旋的喜悦和荣光，哪怕这次凯旋并未能挽回在对阵帕提亚人的惨

败中丢掉的颜面。他向克娄巴特拉致敬：

"克娄巴特拉，谨以此敬献给你。"他一边说，一边命人将金银珠宝洒满了平台的四周。

"如今，我重返亚历山大城与你共庆此次凯旋。数天之后，我们将为你的新帝国举杯同庆，到时我将把军团征服的土地作为礼物敬献给你。此时，就让士兵和亚历山大城的人民一起开怀畅饮吧！"

一整夜，整座城市都沉浸在欢乐的海洋里。

三天之后，正如安东尼宣告的那样，一场精心策划的庆典活动如期举行，为新的埃及帝国欢庆。面对蜂拥而至的人群，安东尼和克娄巴特拉身居最高的平台之上。

在他们之下，是女王的四个孩子坐在宝座上。十三岁的恺撒里昂不久前才剪了头发。为了更像个大人，他剪掉了孩提时代的发辫。双胞胎克娄巴特拉·塞勒涅和亚历山大·赫利俄斯即将迎来七岁生日。身穿绣着**米提亚人**国王肖像的裙子，亚历山大·赫利俄斯不停地用手去触摸装饰着孔雀羽毛的**圆锥形王冠**，确保它还乖乖地待在他的头上。两年前，安东尼和克娄巴特拉重逢之后，在安提阿公国出生的小托勒密就特别不安分。女仆夏米昂在不远的地方目不转睛地盯着他，生怕他离开了宝座。他穿着一套马其顿国王的小礼服，身披短披风，头

米提亚人： 居住在今伊朗的居民。

圆锥形王冠： 东方头饰，常见于古代波斯人和亚美尼亚人。

戴系在小礼帽上的王冠，脚上蹬着一双精巧的小靴子。他好奇地注视着平台两侧**努比亚人**奴隶手中轻轻摇晃的大扇子，那是用鸵鸟羽毛制成的，丝毫不去留意父亲安东尼发表的演说。然而就在刚才，他被赠予叙利亚王国和腓尼基王国，而他的哥哥姐姐们将会瓜分埃及和东方罗马帝国的其他领土。当然，目前这些土地都掌握在他们的母亲手中。克娄巴特拉终于实现了她的愿望，埃及重现了昔日的辉煌，现在的她可以继续亚历山大大帝的辉煌历程了。

努比亚人：尼罗河上游河谷地带的居民，生活在今埃及和苏丹南部。

然而，这一切都忽略了远在罗马虎视眈眈的屋大维，即新的三头同盟中的另一位。屋大维一直想将安东尼踢出三头同盟，独揽大权。第三位执政官——雷必达并不如他俩实力雄厚，因此不会对屋大维的勃勃野心构成真正的威胁。安东尼陆续收到很多令人不安的信函，信中都透露了一个关键信息：一场声势浩大的舆论之战正在罗马悄然兴起。屋大维在元老会上，谴责他不再效忠罗马，而是忠于维护克娄巴特拉的利益；还指责他竟敢跑到亚历山大城庆祝胜利，责怪他受到妖女的妖言蛊惑，谴责他撒下弥天大谎，胆敢宣称恺撒里昂是恺撒的继承者。安东尼和屋大维的支持者们针锋相对，纷纷通过各种演说、信件、檄（xí）文互相指责、抨（pēng）击。山雨欲来，风声渐紧，恶意攻击日盛。

一天晚上，当身处纷争旋涡中的情侣从宫殿的平台上凝望远方灯塔的时候，克娄巴特拉为恋人脸上阴郁的神色感到隐隐的担忧。

"发生什么事了，安东尼？"

"屋大维的影响力日盛，我的拥护者们已经疲于捍卫我的权益。我担心内战在所难免。"

"那我们就筹措粮草，准备迎战屋大维！你有什么可担忧？整个东方都是我们的坚强后盾，况且我们还有你的军团。让这个高傲自大的屋大维永远闭嘴，我们将成为整个地中海沿岸的主宰！"

"克娄巴特拉，我并不想成为主宰。我希望遵守律法，并且向元老会证明，在支持你的同时，我也在维护他们的利益。"

"现在不是优柔寡断的时候了。当我们战胜了屋大维，整个元老会自然就唯你马首是瞻。事不宜迟，我们必须尽快为迎战做好准备。"

在埃及，孩子被认为是神灵赐予的礼物

埃及人对孩童的疼爱让并不重视孩子的罗马人感到震惊。但埃及婴儿的死亡率极高，为了祛病驱邪，幼儿通常在颈部佩戴护身符。

幼童的教育

在埃及，由母亲为孩童起名，并将其抚养至六岁。自此，幼童不再赤身裸体，而以缠腰布或是宽大长裙蔽体，表示不再是蒙昧（mèi）小儿。从此他们将开始从事简单的手工劳作，如果是女孩，则跟随母亲学习编织和烹饪；如果是男孩，则随其父亲的职业，学习耕种农田、放牧牲口或是捕鱼、雕刻。如果是誊写官之子，则需前往学校，经历为期八年的学习后，子承父业。仅有富裕家庭的孩子能跟随家庭教师进行学习。

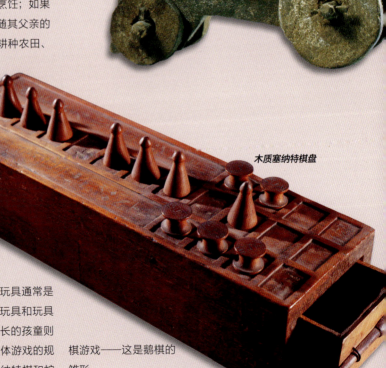

马上骑兵（木质玩具）

木质塞纳特棋盘

游戏及玩具

年幼孩童的玩具通常是陀螺、动物玩具和玩具娃娃；稍年长的孩童则开始学习集体游戏的规则，例如塞纳特棋和蛇棋游戏——这是鹅棋的雏形。

认字书写

门的学校负责培养誊写官，但是有
以在付费学校里学习世俗体和僧侣
这是古埃及象形文字的两种简写体。

用于书写的书板

"十三岁的恺撒里昂不久前才
剪了头发。为了更像个大人，
他剪掉了孩提时代的发辫。"

王室孩童

王室的孩童拥有一
名家庭教师，同时
也进王室学校学习。
在托勒密时代，王
室儿童学习希腊语
而不习埃及语。全
埃及的女孩，只有
公主能像男孩一样
接受教育。

母与子

恺撒里昂肖像（右侧）

决战阿克提姆

克娄巴特拉深知这场战争的成败决定王国未来的命运。自公元前 32 年春天开始，她就率领整支舰队留在以弗斯，常伴安东尼左右。这位罗马将军也成功地集结了一支强大的军队。女王决定亲自参与战争的筹备。在罗马士兵的护卫下，她检阅军队，赏罚分明。安东尼再一次警告她：

"克娄巴特拉，罗马士兵们并不认同你的统治方式。"

"我不在乎！"

"你是一个女人，却像男儿一样策马驰骋疆场。哪怕是我的好友，他们都认为你的举止有悖传统。他们指责我任由你洗劫城市。对你的所作所为，我都是睁一只眼闭一只眼，即便你将以弗斯图书馆的二十万卷卷轴没收充公后运往亚历山大城，还有所有的这些雕塑……"

"没错！我是一个女人，但是这丝毫不影响我统治一个庞大的王国！任何人都无权干涉法老的决定！"

尽管安东尼多次警告，克娄巴特拉的行为做派仍然没有任何改变。随着备战日益充分，她对自己的强大越来越有信心，甚至已经有些飘飘然了。不久之后，安东尼的一些朋友坚信这位罗马将军不会忤（wǔ）逆克娄巴特拉，于是加入了屋大维的阵营。其中有两人甚至向三头同盟告密，告发了安东尼托付给**维斯泰女祭司**的遗嘱。全然不顾神的法则，屋大维设法窃取了这份文件并公开在元老会大声朗读。安东尼在这份遗嘱里表明，恺撒里昂的确是恺撒的亲生儿子。安东尼将其财产都留给了克娄巴特拉的孩子们，并且甘心默默无闻地留在亚历山大城，守护在克娄巴特拉的身旁。

一切都证明了他对这位埃及女人深沉的爱，这足以让力挺屋大维的元老会为之震动。元老会罢免了安东尼的一切职务，一场战争在埃及爆发。

整个冬天，屋大维和安东尼的军队在**阿克提姆地区**互相窥伺，双方处于高度戒备状态。安东尼的舰队优势在于战舰数量更多，但是行动迟缓。克娄巴特拉亲自登上指挥旗舰安托尼亚号，统帅六十艘战舰。然而，屋大维得到了睿智的海军战略家阿格里巴的协助，成功地切断了埃及军的给养运输线路。由于缺少援军和粮食，安东尼不

维斯泰女祭司：侍奉灶神维斯泰的女祭司们。

阿克提姆地区：位于希腊西海岸的城市。

再具备任何优势。盟友们逐渐对他丧失了信心，叛逃投敌的人数与日俱增，让敌人获得了许多至关重要的情报。

公元前 31 年 9 月 2 日夜里，安东尼和克娄巴特拉召见了所有的将军。

"形势异常严峻，我的朋友们，我们必须主动出击，而且要速战速决。在阿格里巴舰队的围困下，我们已成了海湾里的囚徒。要出其不意地突破重围，必须舍弃那些行动迟缓的战舰。"

"但这些战舰是负责运送补给和战利品的啊。"其中一位将军对此决策感到震惊。

"传令下去，今晚将重要的战利品搬运到安托尼亚号和三层桨战舰上。由克娄巴特拉指挥其余舰队，并留在后方等待突围。"

"那我们将如何行事？"

"兵分四路，天一亮就开始行动。"

"祈求神灵庇佑，祈求明天大雾弥漫！"

黎明时分，风平浪静。安东尼的舰队在水面上缓慢滑行，悄无声息。命令早已传达下去，士兵们默不作声，只听到船桨划破水面的声音。水面大雾弥漫，屋大维的将领阿格里巴的目光所及之处，什么都看不到。但是，就在安东尼的舰船抵达海峡出口的时候，敌方的一个哨兵发现了舰队的踪迹。由于船体轻便、机动性好，阿格里巴的舰船很快就追赶上了安东尼。安东尼下令所有舰艇在海峡出口位置以圆弧形排开，形成两行列队。安东尼的舰艇异常坚固，可以有效防止敌方**舰首撞角**的冲撞，因此很难被撞沉。双方开始互相投射武器，战斗由此迅速打响。弩炮投射燃烧的箭头，熊熊燃烧的火焰照亮了阿克提姆海角的天空。

舰首撞角： 位于战舰船首的青铜撞角。

到了下午，所有的舰队都一字排开，攻防双方的将士们以血肉之躯展开殊死之战。后方的克娄巴特拉一直在密切关注着战斗的进展。她听到了各种命令、指示和厮杀声，以及伤者的喘息声。海湾里，到处是漂浮的船板和断残的肢体，鲜血染红了海面。双方损失惨重，可谁也不敢下令撤退。

突然，年轻的女王感到伊阿比风渐起，这场北风能让她的舰队全速撤退。因此，她认为自己也许能够拯救那批战利品和舰队里的部分船只。

"快扬起风帆！"她大声喊道。

很快，所有的战舰都收到了女王的命令。现在，就等一个有利时机，便可顺势起航。机会降临了，在战线

之间出现了一道缺口，克娄巴特拉挥舞着指挥官的手势，以迅雷不及掩耳之势，命令六十艘战舰起航，全速撤退。没有一艘敌舰能追赶上他们，所有的敌舰陷入了一片混乱。就在此时，在混战中挥舞着利剑的安东尼瞥见了在安托尼亚号船头的克娄巴特拉正指挥舰队朝向外海驶去。强烈而又不计后果的冲动，驱使他想去追赶女王的舰队。他火速从这一艘船跳到另一艘，一直跳到了一艘**五排桨战船**上。见首领如此，其他舰船也纷纷放弃了进攻，将火炮从船舷上扔进了海里，只为更快地逃跑。一转眼，有一百多艘战船弃战而逃。

五排桨战船： 装置有
五排并列桨的战船。

安东尼很快就登上了安托尼亚号。

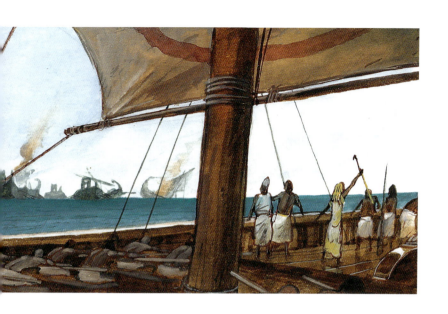

但是当他登上船舷的那一刻，他才意识到刚刚自己都干了些什么。曾经因为骁勇善战和指挥才能而远近驰名的他，却从战场上逃离了。他刚刚与一场期待如此之久的胜利失之交臂。他双手抱头，一直伫（zhù）立在战舰的甲板上，拒绝与克娄巴特拉相见。为了她，他已经失去了一切：名利、挚友以及尊严。

他在利比亚海岸下了船之后，就在此等待他的密使们。他想尽快了解自己军队的现状。

在他逃跑之后都发生了什么？但是，他再一次获悉了来自军团和东方盟友的背叛。绝望之中，他返回了亚历山大城，但是拒绝与女王一起入住王宫。他整个人陷入了失望、苦涩之中，于是退避在位于法罗斯岛上的一处偏僻行宫中，他对所有人充满了怨恨。

克娄巴特拉重新执掌了政权，精力充沛。她深知重振埃及的梦想已经无法成为现实，但是她对生活从来没有灰心气馁（něi）过。她希望安东尼能够重拾对生活的希望。每天清晨，她都会问夏米昂和伊拉斯：

"他为什么不来看我？我到底要怎么做，才能让他不再逃避，愿与我重聚？"

"何不为他的五十三岁寿辰举办一次盛大的宴会？"伊拉斯问道。

"克娄巴特拉，伊拉斯说得很有道理。"夏米昂坚持道。

让女王稍感慰藉（jiè）的是，安东尼终于答应了前来参加为他举办的生日宴会。但是，他一直沉浸在沮丧灰暗的情绪里，原来和克娄巴特拉之间那种"独一无二的生命联系"已终结了，现在他们之间不过是"等待共同的死亡"。

一天早晨，迪奥梅德赶来向克娄巴特拉通报，说屋大维来访求见。克娄巴特拉相信自己能与这位罗马人进行谈判。

"迪奥梅德，向他交付我的权杖，并为他佩戴上我的王冠，以示我们的归顺。"

"为何要如此委曲求全？"她最忠诚的谋臣一脸震惊。

"也许只有这样，我才能挽救整个埃及。你快去，我要尽快了解他对此事的态度。"

第二天，一位信使送来了一条离谱的建议。屋大维要求她正式让位，并且要求她杀死安东尼。这绝不可能！即便是为了她的王国，她也不能牺牲自己的爱情。

埃及军队

克娄巴特拉治下的埃及军队逐渐没落，早已不负一个世纪前铸就的盛名。为了保卫埃及，护卫亚历山大城的人民，女王寄望于罗马军团。

军事概况

托勒密家族注重保持自己的海上军事力量，以控制地中海的海上贸易和保护埃及的疆域，并掌控周边地区。尽管在与叙利亚塞琉古王朝的对战中，埃及经历了数次惨重的失败，但托勒密家族的军队在很长一段时间内依然是该地区的头号军事力量。克娄巴特拉执政时期，埃及帝国的强盛不复存在。觊觎尼罗河流域财富的罗马人越来越多地干涉埃及事务。女王则更多地依赖罗马军团，这比培育她自己的军队更高效。

罗马骑兵

埃及的溃败

屋大维曾两次对阵安东尼和克娄巴特拉的军队。一次在阿克提姆海角，另一次在埃及陆地。为了彰显他的优势，他命人在钱币上绘制埃及的象征：一条被锁链束缚的鳄鱼。

罗马骑兵部队
由三百名配备轻武器的骑兵组成，位于步兵大队的两侧以保护阵型。

刻有文字的罗马钱币：
"Aepyptocapta"（埃及已被攻克

军队

从亚历山大时期传承下来的托勒密王朝军队，由希腊人、马其顿人、犹太人和高卢雇佣兵构成。埃及人也慢慢应征入伍。但是军队的构成、制服及武器已与传统的埃及军队大相径庭。部队按照马其顿模式组成方阵，每位士兵配备面具、圆形盾牌、标枪及长矛。

一支部队由骑兵团和千人步兵营构成。部队编制非常薄弱，一共只有二万二千名士兵，比起托勒密家族统治初期少了整整三倍。埃及依赖罗马军团的护卫，而罗马士兵以兵役换取法老的土地。

及传统军队的步兵

"女王决定亲自参与战争的筹备。在罗马士兵的护卫下，她检阅军队……"

战舰

海军舰队

克娄巴特拉的舰队令世人瞩目，曾经超过两百艘战舰。不过在阿克提姆海战中，大部分舰船都被击沉了。

法老之死

克娄巴特拉躲进了她的陵墓，一座她命人根据古希腊传统建造的坟墓。在这座正方形的塔状建筑里，她积聚了令屋大维觊觎已久的战利品：黄金、香料、珠宝、精美家具、珍贵卷轴以及足够的燃料。为了不被抓获，她将自己的女仆夏米昂和伊拉斯一起关在这里。

安东尼早已出发，他与屋大维在城门口进行终极一战。尽管埃及步兵团进行了英勇战斗，但他们还是很快就被击败了，于是安东尼只能重返亚历山大城。他刚刚抵达，一位将军就向他通报了克娄巴特拉离世的消息。

沉浸在忧伤和痛苦中的安东尼，眼里只看到一条出路，那就是他生命的终结。他叫来了年轻的仆人埃罗斯，并哀求他：

"请你举起我的宝剑，将我从这无尽的痛苦中解脱出来吧，让我前去与克娄巴特拉团聚。"

话音未落，他一把扯掉了身上的护胸甲。惊恐万分的年轻奴隶手足无措，不知道该如何是好。于是，安东

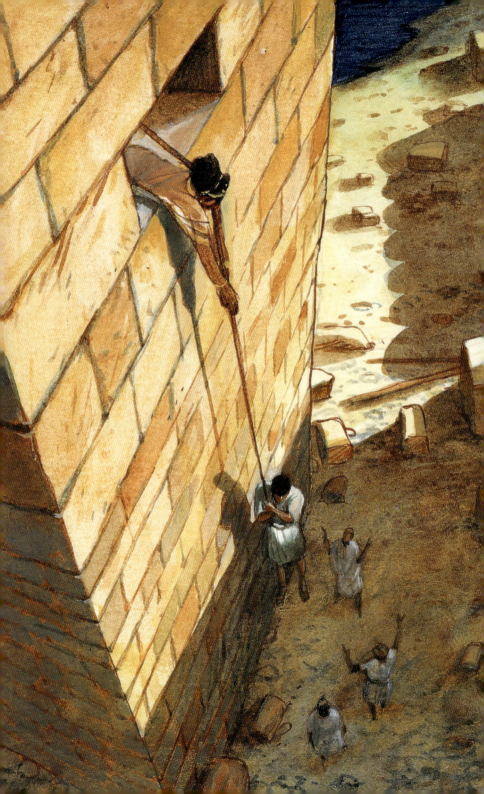

尼拿起了武器，一剑刺向自己的腹部。迪奥梅德赶来的时候已经太晚了，他是来告诉安东尼，克娄巴特拉并没有真的死。临终前，安东尼请求他们将自己带到克娄巴特拉身边。

但是如何才能实现安东尼的临终遗愿呢？陵墓的大门已经被封死。只有一个办法，那就是从尚未完工的建筑上方的开口进去。在两位女仆的帮助下，克娄巴特拉费劲地用绳索将安东尼的身体拉了上来。她们把他安放在一张床上。

克娄巴特拉紧紧地抱着安东尼，泪水流过他身上的血渍。她哭着向他解释，令人谎称她的死亡，是为了与他有尊严地共同赴死，她保证很快就会前去与他相聚。但是，安东尼用低沉的声音向她说出了最后的遗言：

"不要再哭了，擦干你的泪水。我是咎（jiù）由自取，但你不能死。你的生命如此宝贵，好好活下去，这没有什么不光彩的。"

"但是没有你，我将一无所有。如果要我活下去，你也一样要活下去。为了救你，我宁可放弃整个王国。"克娄巴特拉悲叹。

可惜安东尼再也听不到了，他已咽下了最后一口气。

克娄巴特拉从未经历过如此巨大的痛苦。她捶胸顿足，指甲划破了脸庞，双手疯狂撕扯着身上的衣物。好几个小时过去了，她的女仆们一直陪伴着她。

不久，屋大维就得知了他竞争对手的死讯。他很担心克娄巴特拉会放火烧掉陵墓。他一直希望活捉克娄巴特拉，并能在他凯旋的时候用枷锁拴着她游街示众，当众展示她所有的财富。

这样精心挑选的囚徒，无疑是屋大维至高权势的最好力证。但是刚刚收到的信件让他有些担心。他让文书重读了一遍。

"屋大维，我已不能也无意独自苟活。念在你的养父恺撒的情分上，我请求你满足我的心愿：命运之神既已将我赐予安东尼，我唯愿与他死在一起。"

屋大维突然站起身来，下令阻止克娄巴特拉以任何方式结束自己的生命。屋大维的一名心腹从运送安东尼的缺口处成功进入了陵墓。克娄巴特拉刚察觉，就在手里攥（zuàn）住了一把匕首，但是这个罗马人迅速夺下匕首，控制住了她。

屋大维抢占了所有的战利品，并将女王囚禁在他的王宫中。

生平第一次，克娄巴特拉感到了莫名的恐惧。

"夏米昂，我绝不能参加这个男人在罗马举行的凯旋庆典。"

"主人，我们现在已经身不由己了。"

"没有任何人能强迫我继续活下去。我成功地策划了恺撒里昂的出逃，现在他已是埃及法老。从今天开始，我要绝食……"

"我奉劝你最好不要这么做!"屋里响起了一个洪亮的声音。

没有经过通报，屋大维就闯进了女王的房间，刚好听到了克娄巴特拉和女仆的对话。

"难道你忘了还有三个孩子在我手里? 你难道想让他们惨遭横祸吗? 只有你活下去，才能保住他们的生命。"

克娄巴特拉别无选择。至少目前如此。

在出发前往罗马的前三天，克娄巴特拉要求前去安东尼的陵墓进行凭吊。已经牢牢掌控局势的屋大维，给予了她这次恩典。

在伊拉斯的陪伴和一队罗马士兵的护卫下，克娄巴特拉离开了王宫。

这一天，来自夏日的炎热令人难以忍受，但是克娄巴特拉并不觉得难受。她穿过了王城，再一次细细体会亚历山大城的各种颜色、声音和气味。当终于进入在安东尼陵墓的黑暗里时，她跪在他的石棺旁边。她早已命人用奢华的鲜花撒满了他的坟墓。当她最后一次将他拥在怀中时，没有人能听清女王的呜咽。

"只要我们都活着，就没有人能将我们分离。但如今，死亡却让我们阴阳两隔。我心爱的罗马人，你将长眠于埃及。而我，将不幸地被埋葬在罗马。"

没有人听清女王的低语以及随后的祈祷。她向神祈求与他一起长眠，心中满是即将在另一个世界与他重逢的喜悦。

重返王宫之后，克娄巴特拉表现出异常的平静。夏米昂无比钦佩她的女主人。在即将赴死之际，她表现出超乎常人的勇气！

"夏米昂，伊拉斯在监督他们给我准备最后的晚餐，你去给我备水沐浴。"克娄巴特拉要求道。

"亲爱的主人，我已为您挑选了您最漂亮的长裙。"

"很好。把茉莉花油给我拿来，我要涂抹得香喷喷的。你找到了什么可以写字的东西吗？"

"嗯，请您放心吧，都准备好了，这是墨水和一张莎草纸。"

"你怕吗，夏米昂？"

"不，只要与您在一起，神灵就会护佑我的。"

晚餐准备好了，克娄巴特拉半躺着享受这一顿饕餮盛宴。正当她用餐的时候，一位农民为她送来了一只竹篮。负责监视女王的卫兵们挡住他，盘问篮子里装的是什么。男子拨开了竹篮里的树叶，露出了漂亮的无花果。

"你们要不要品尝一下？"男子询问道。

来访者的坦率让卫兵们放松了警惕，他们也不敢轻易触碰进贡给女王的礼物，于是放他进去了。

克娄巴特拉对这只竹篮的到来没有丝毫意外，因为正是她暗中让人运送进来的。她让人把竹篮放在桌子上，并把一封她刚刚封好的信交给来人，命他带给屋大维。

除了夏米昂和伊拉斯，女王命令屋里所有人都退下，随后她关上了屋门并躺到床上。伊拉斯将无花果送到她身边。

克娄巴特拉将手伸进了水果篮里。她晃动着手指，弄醒了果篮底部沉睡的毒蛇。法老的保护神——一条确保她能体面死亡的眼镜王蛇突然出现，撞翻了无花果……

在不远的地方，屋大维打开了克娄巴特拉的信。当他读到最后几行字的时候，脸色变得煞白："请不要拒绝将我埋葬在安东尼的身旁，我为他而死，唯愿在**哈迪斯**的冥府里与他长相厮守。"屋大维明白此时他的阶下囚已经决意赴死。他立即派人前往克娄巴特拉的住所。

哈迪斯：希腊的冥府之神。

但是已经太晚了。克娄巴特拉已安详地躺在黄金制成的床上，身上覆盖着金银珠宝。所有人都看到，在她的手臂上有眼镜蛇咬出的两个小洞。伊拉斯的身体也早已没有了生命迹象，躺倒在女主人的身旁。只剩下气若游丝的夏米昂，用仅有的几口气息在整理克娄巴特拉头上的法老王冠。因为中计而气急败坏的守卫一边摇晃着女仆，一边大声叫骂：

"你们这是干什么，夏米昂！"

"我的女王太美了，"她喘息着说，"这样才配得上这位征服了众王的女人。"

夏米昂再也无法说出更多的话，倒在了床边。

屋大维震怒，但是他不得不钦佩克娄巴特拉的勇敢。直面死亡的勇气令人震撼，他答应将她的遗体安葬在安东尼的身旁。葬礼按照国王的标准举行，这对恋人的遗体将被合葬在同一座陵墓里。亚历山大城的人民为痛失女王而哀悼，但再多的泪水也改变不了埃及的命运。从此，埃及成了罗马的一个行省。

那天，夕阳的余晖洒在了埃及最后一任法老的陵墓上。

死亡

对古埃及人来说，只要逝者的尸身保存完好，死亡便不是终结，而是通往永生来世的必经之路。但尸身一旦被破坏，亡者的灵魂将永世游荡。

信仰

逝者需乘船穿越下界。为了避开陷阱和恶魔，逝者需随身携带咒语和魔法书，例如镌刻在陵墓内墙或是书写在卷轴上的《死亡之书》。如果逝者通过了测量心脏重量的审判，那么将被带到冥王欧西里斯的面前，获准永远生活在其王国内。

木乃伊

最初尸身被直接埋葬在沙土中，由于干燥的气候，尸体保存完好。陵墓出现之后，古埃及人发现保存在陵墓内部的尸体容易腐烂。于是，古埃及人发明了木乃伊术，首先需将尸体的内脏掏出，之后用泡碱粉（盐的一种）涂抹尸身，放置四十天，风干，随后用锯末和碎布填充尸体内部。最后用亚麻绷带将尸体缠裹起来，并在其中放置护身符。

放置在木棺中的木乃伊

制作木乃伊的纸板图样

阿努比斯

阿努比斯长着一颗胡狼头，是亡者和木乃伊制作者的保护神。在冥界，他守护亡者，并参与称量心脏重量的审判。在木乃伊的制作过程中，其中一位祭司会戴上阿努比斯神的胡狼头面具。

阿努比斯制作木乃伊

"那天，夕阳的余晖洒在了埃及最后一任法老的陵墓上。"

陵墓

最初，法老们命人为自己建造金字塔。在新王朝时期，法老们被埋葬在地下宫殿里，这是一些直接被开凿的墓室。每座陵墓包括一个用以安放木乃伊及其陪葬品的地下墓室和一个用于祭祀的礼拜堂。位于亚历山大城以西的古代墓园，是真正的死亡之城，是一座地下墓窟的迷宫。在埃及木乃伊的旁边，被火化的希腊人的骨灰瓮被安放在岩壁上的洞穴里。

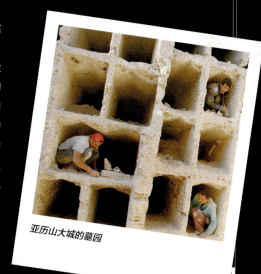

亚历山大城的墓园

故事的来源

克娄巴特拉的闻名于世，与她和那些声名显赫的名人的交往密不可分：庞培、恺撒、安东尼、屋大维。正是她在世时所展现出的非凡才华，使她的人生充满了奇遇，也使她成了古代历史中的一个重要人物。

匮乏的史料

一直以来，人们都缺乏足够多的文献来了解真正的克娄巴特拉。某些流传至今的肖像，被雕刻在钱币上或是浅浮雕中，它们按照法老时代的艺术标准向我们呈现了女王的形象，但无法反映历史的真实。

与女王同时期的著作也很匮乏，大多数晚于克娄巴特拉的古代作者提到她，仅仅视她为众多权贵人生里的一个配角。

罗马人的宣传

在与安东尼斗争的过程中，屋大维实施了一系列行之有效的宣传来造势，巧妙地利用了罗马传统文化中，对东方的憎恶和对女性的仇视，来反对克娄巴特拉这位埃及女王。贺拉斯、维吉尔、普罗佩塞等诗人把克娄巴特拉塑造成了一个倾城倾国、暴戾（lì）冷酷、放荡荒淫的妖妇形象，而这更加深了这位埃及女王身上的神秘色彩。

普鲁塔克

在众多用拉丁语写作的作家中，普鲁塔克也许是受到屋大维宣传影响最少的传记作家。他在安东尼的生平传记中叙述了克娄巴特拉的故事。普鲁塔克家族一直生活在亚历山大城，是安东尼的忠实拥护者，其著作根据家族中的口传记录写成。普鲁塔克同样还参考了克娄巴特拉的私人医生奥林波斯的著作。他将女王描述成一位卓越的统治者、忠诚真挚的情人。

希腊作家普鲁塔克
（50年至125年）

后世人眼中的克娄巴特拉

　　基于古代罗马人对她有极负面的看法，艺术家们热衷从克娄巴特拉的生平中汲取灵感，把她戏剧性的死亡、爱情故事以及权力斗争都呈现在文学、音乐、绘画和影视作品中。

《埃及艳后》剧照（伊丽莎白·泰勒和理查德·波顿饰演的安东尼，曼凯维奇执导，1963 年）

　　在但丁和莎士比亚的笔下，她被刻画成了一位伤风败俗、缺乏道德的女性；在普希金的作品里，她犹如 17 世纪一个命运多舛的贵妇；在泰奥菲尔·戈蒂耶的描述里，她仿佛是 19 世纪倾国倾城的绝色美女……直至曼凯维奇执导的电影《埃及艳后》，则将其正名为一位美艳动人、智慧超群的女性。

真实的克娄巴特拉

　　抛开人物的神秘色彩和传奇想象，克娄巴特拉首先是一位年轻的女王，她执掌一个日渐衰弱且依附于罗马的王国。聪明睿智且踌躇满志的她善于利用一切自身优势，志在重建托勒密家族的辉煌。但是她未能成功地在埃及革除流弊，也没能重建强大的军队以稳固政权。在当时，只有与罗马人结成联盟，才能保障埃及的独立。

　　至于她与恺撒和安东尼之间的爱恨纠葛，很难将其中包含的算计和爱情的比例厘清。还原这位美艳女王的激情与爱恋是历史学家无法刻画的，只能留给读者去想象。

银幕上的克娄巴特拉

在影视业的兴起阶段，克娄巴特拉的故事激发了电影编剧和导演的灵感。在二十余部与她有关的电影作品里，塞西尔·B.戴米尔执导的克娄巴特拉（1934 年）形象深入人心；曼凯维奇斥四千万美元巨资打造的鸿篇巨制则获得了国际化的成功。

图片来源

12 左：克娄巴特拉的头部雕像，公元前2世纪©高品图像/S. 瓦尼尼

上：托勒密一世，古希腊银币，公元前3世纪，耶路撒冷，以色列博物馆©AKG艺术图像/E. 莱森

下：亚历山大大帝勇战波斯人，镶嵌画，那不勒斯，蓬佩伊考古学博物馆，农牧神家园©G.达格利·奥尔蒂

11 中：托勒密七世，埃德富神庙，约公元前164年©AKG艺术图像/R. 奥戴亚

右下：法老的权杖，图坦卡蒙墓，黄金、蓝色玻璃及青铜，第十八王朝，开罗，国家博物馆©布里奇曼－吉罗东

22 左：在农场主的监督下仆人们在丈量田地，蒙纳墓室壁画，底比斯陵墓群©AKG艺术图像/E. 莱森

上：酒瓮，公元前3000年，罗浮宫©法国国家博物馆联合会/丘兹韦尔兄弟

中：小舟，贝尼哈桑遗址366号墓，剑桥大学，菲茨威廉博物馆©布里奇曼－吉罗东

23 上：尼罗河的泛滥，1900号照片©高品图像/S. 塞克斯顿

下：清点家畜，内巴蒙墓室壁画，底比斯陵墓群，大英博物馆©高品图像/W. 福曼

32 左下：高卢战士，柏林，国家博物馆，古代文物收藏馆©AKG艺术图像/E. 莱森

左上：帕提亚战士，公元1世纪，德黑兰，伊朗博物馆©布里奇曼－吉罗东

中：罗马军团的军官及士兵，公元2世纪，罗浮宫©法国国家博物馆联合会/H. 勒万多夫斯基

33 上：米底人，约公元前710年，罗浮宫©法国国家博物馆联合会/H. 勒万多夫斯基

下：安条克四世头像，大英博物馆©AKG艺术图像/E. 莱森

44 左下：用希腊语写作的木简，法国国家图书馆，伽利玛档案馆

中：亚历山大灯塔，银币，巴黎，法国国家图书馆币章馆，伽利玛档案馆

右下：以弗斯图书馆遗址，土耳其以弗斯©高品图像/R.T. 诺威茨

45 上：亚历山大城地图，让－克劳德·戈尔万，水彩画©埃兰斯出版社

右下：亚历山大港水下考古挖掘©S. 孔普安

54 左：正在哺乳斯哺乳的伊西斯，公元前664年至公元前525年，维也纳，艺术史博物馆©AKG艺术图像/E. 莱森

上：塞拉比斯，公元2世纪，突尼斯，迦太基古国，罗浮宫©法国国家博物馆联合会/F. 罗

55 左：阿佛洛狄忒，都灵，埃及博物馆©高品图像/G. 达格利·奥尔蒂

右：哈索尔女神石柱，丹达腊神庙©高品图像/Ch. 及J. 莱纳尔

66 左：尤利乌斯·恺撒，公元1世纪，柏林，古代文物收藏馆©BPK，柏林，法国国家博物馆联合会©J. 列普

上：古罗马市集废墟及重建后的元老会，罗马©高品图像/C. 雷东多

67 下：古罗马建筑模型©高品图像/A. 德吕卡

右上：罗马贵族及其祖先，罗马，卡皮托利博物馆©高品图像/A. 德吕卡

78 左：木乃伊面具，棉纱及彩色亚麻，柏林，古代文物收藏馆©BPK，柏林，法国国家博物馆联合

会©M.比辛

中：奈费尔提蒂王妃石碑，吉萨市，巴黎，罗浮宫©法国国家博物馆联合会/H.勒万多夫斯基

79 上：梳妆的埃及女性，底比斯陵墓群，纳赫特墓©G.达格利·奥尔蒂
下：王后阿赫霍特普一世的黄金项链，开罗，埃及博物馆©高品图像/S.瓦尼尼

90 左下：木质塞纳特棋盘，卡墓，德尔·麦迪内陵墓©高品图像/G.达格利·奥尔蒂
右上：马上骑兵，公元前30年至公元395年，罗浮宫©法国国家博物馆联合会/H.勒万多夫斯基

91 左：怀抱孩童的妇女，彩陶瓦，公元前1991至公元前1797年，罗浮宫©法国国家博物馆联合会/B.豪陶洛
右上：用来书写的书板，牛津大学，阿什莫林博物馆©布里奇曼-吉罗东

右下：哈索尔、恺撒里昂及克娄巴特拉，德黑兰哈索尔神庙©AKG艺术图像/E.莱森

102 左：罗马骑兵，奥朗日市，圣日耳曼昂莱，国家古文物博物馆/G.达格利·奥尔蒂
右下：罗马钱币，公元前300年至公元285年，布鲁姆茨伯里博物馆©高品图像/W.福曼
上：步兵部队，彩绘木材模型，玛莎蒂墓，开罗，埃及博物馆/G.达格利·奥尔蒂

103 右下：战舰，浅浮雕复制品，水彩画，P·康诺利作品公元前1世纪末，普雷尼斯特©AKG艺术图像/P·康诺利

114 左：木棺椁中的木乃伊，托勒密时代，公元前332年至公元前30年，牛津大学，阿什莫林博物馆©布里奇曼-吉罗东
右：制作木乃伊的纸板图样，金线及彩绘亚麻，德尔·麦迪内

陵墓，罗浮宫©G.达格利·奥尔蒂

115 右上：阿努比斯制作木乃伊，塞尼杰姆墓，德尔·麦迪内墓，底比斯，工匠村©利马奇
右下：亚历山大城的墓园，亚历山大©S.孔普安

116：普鲁塔克，版画，公元19世纪©利马奇/比安凯特

117：电影《埃及艳后》中的伊丽莎白·泰勒和理查德·波顿剧照，1963年©高品图像/贝特曼影像档案馆